Reiki

Une introduction

Reiki

Une introduction

Énergie de guérison pour le corps et l'esprit

mary lambert

consultant: chris parkes, maître usui

traduit de l'anglais par

laurette therrien

MODUS VIVENDI

Avertissement

Le Reiki ne doit pas être considéré comme le substitut à un traitement
médical. Il peut être pratiqué conjointement avec un traitement allopathique
mais il y a quelques exceptions (voir page 33). Si vous souffrez de symp-
tômes inquiétants consultez un médecin pour qu'il fasse un diagnostic.
L'auteur et l'éditeur ne peuvent pas être tenus pour responsables de toute
erreur ou omission qui se serait glissée dans ce livre ou pour tout acte qui
serait pris comme une conséquence de son utilisation.

Publié par
Les Publications Modus Vivendi Inc.
3859, autoroute des Laurentides
Laval, Québec H7L 3H7
Canada

Mise en page de l'édition française: Josée Michaud
Coordination de la production: Sabine Cerboni

Dépôt légal: 1er trimestre 2001
Bibliothèque nationale du Québec
Bibliothèque nationale du Canada
Bibliothèque nationale de France

Données de catalogage avant publication (Canada)
Lambert, Mary
    Reiki: une introduction
    Comprend un index.
    Traduction de: An Introduction to Reiki
    ISBN: 2-89523-047-1
    1. Reiki. I. Titre
RZ403.R45L3514   2000   615.8'52   C00-941578-5

Introduction 6

Chapitre 1
Qu'est-ce que le reiki? 8
L'histoire du reiki 8
Les cinq principes spirituels 14
Les symboles du reiki 16
Devenir guérisseur: initiation au reiki 18

Chapitre 2
Traitements pour guérir 22
Le système endocrine 22
Les sept chakras 24
À l'écoute de votre corps 26
Préparation au reiki 30
Traitement par le reiki 32
Les douze positions de base 34
Terminer le traitement 60

Chapitre 3
Premiers soins par le reiki 62
Soulager maux de tête et migraines 62
Dissiper maux de dents et maux d'oreilles 64
Calmer les maux de dos 66
Aider les problèmes de respiration 68
Stimuler le système immunitaire et le système circulatoire 70
Réduire le stress 72
Histoires vécues 74

Chapitre 4
Traitements spéciaux 78
Reiki pour bébés et enfants 78
Soigner les personnes âgées 82
Animaux domestiques et plantes 83

Chapitre 5
Le reiki et les autres thérapies 84
Le reiki et la thérapie par les couleurs 84
Le reiki et la guérison par le cristal 88

Index 94

introduction

Reiki (qui se prononce ré-ké) est un mot japonais qui signifie « force vitale universelle ». Il s'agit d'un art ancien de guérison par l'imposition des mains réintroduit au Japon vers le milieu du XIXᵉ siècle par le docteur Mikao Usui. Approche curative holistique, le reiki contribue à créer l'harmonie spirituelle, mentale et physique.

Le mot reiki se compose de deux parties: « rei », qui définit le côté universel de l'énergie, et « ki », qui représente la force vitale qui circule en toute chose vivante. On retrouve ce concept dans la plupart des cultures, sous des noms différents: les Chinois l'appellent « chi »; pour les Indiens, c'est le « prana »; les chrétiens pour leur part l'appellent « lumière ».

énergie de guérison

Le reiki est une énergie de guérison discrète et sans danger, qui se concentre là où le besoin s'en fait sentir dans votre corps ou celui de la personne que vous traitez. La stimulation des capacités de guérison naturelles du corps aux niveaux les plus profonds dissipe les blocages physiques et émotionnels qui ont pu causer la maladie ou l'inconfort pendant quelque temps. Le but ultime du reiki est de nettoyer le corps et d'équilibrer les chakras (voir pages 24-25) en rétablissant l'harmonie mentale, corporelle et spirituelle grâce à un processus de désintoxication, tout en encourageant une attitude plus positive. Le reiki diffère des autres méthodes de guérison par son processus d'harmonisation, et parce que l'énergie est puisée à la « source universelle », plutôt que directement du guérisseur.

Le reiki peut soulager ou guérir diverses affections. Il traite très bien les maux de tête, les maux de dos et les maladies reliées au stress. Les maladies chroniques, comme l'arthrite ou l'asthme, bénéficieront aussi du reiki, mais exigeront des traitements répétés avant que l'on puisse noter une amélioration.

Ce livre a été conçu pour servir de référence aux personnes qui ont complété le Reiki du premier niveau (Reiki 1). Il peut également servir d'introduction pour ceux et celles qui s'intéressent au reiki et qui veulent en savoir plus sur ses pouvoirs de guérison uniques. La méthode reiki dont il est question ici est la méthode traditionnelle Usui, telle qu'enseignée et fondée par le Dʳ Usui. Il existe deux autres écoles qui ont été développées par des étudiants du Dʳ Usui: l'approche Karunaᴹᴰ, qui opère la guérison des émotions, et l'approche Tera-Mai Seichemᴹᴰ, qui incorpore des variations du style traditionnel d'enseignement.

L'eau joue un rôle important dans le processus d'assainissement de la guérison reiki.

les trois niveaux du reiki

On accède à l'énergie reiki grâce à une initiation qui consiste en une série d'harmonisations de premier, de deuxième et de troisième niveau (Reiki 1, 2, 3). (Voir pages 18-20.) Ce livre s'adresse à tous les débutants qui veulent s'initier au reiki et à ceux qui ont passé le premier niveau, ce qui se fait normalement au cours d'un week-end de formation, alors qu'un maître reiki harmonise les initiés à l'énergie, de manière à ce qu'ils puissent canaliser cette énergie en eux-mêmes et traiter d'autres personnes par la suite. Une fois qu'une personne a été harmonisée, sa capacité de canaliser l'énergie lui est acquise pour la vie.

Si vous n'avez pas été harmonisé, la pratique des positions des pages 36 à 59 vous sera certes bénéfique, mais vous n'atteindrez pas le même niveau d'harmonisation que les gens qui ont suivi la formation.

comment trouver un maître reiki

La meilleure façon de trouver un maître reiki est certainement par recommandation personnelle, faute de quoi vous pouvez consulter les annonces dans les magazines ou les boutiques santé. Les petits groupes de formation sont les meilleurs, mais ce qui importe avant toute chose, c'est que vous vous sentiez à l'aise avec votre maître reiki.

Le deuxième niveau s'adresse à ceux et celles qui veulent aller plus loin et accroître leur capacité de guérison émotionnelle et mentale en se servant des symboles reiki pour guérir les absents (voir pages 16-17). Le troisième niveau est la formation et l'apprentissage pour devenir maître reiki: il s'agit d'une voie spirituelle qui sous-entend un engagement de toute une vie; ce n'est pas une chose que l'on entreprend à la légère. La guérison par le reiki peut toutefois se pratiquer à tous les niveaux, soit pour vous traiter vous-même, vos amis et votre famille, ou sur une base professionnelle. Le reiki vous fera toujours le plus grand bien.

l'histoire du reiki

Chaque maître reiki enseigne à ses étudiants l'histoire de cette forme de guérison ancestrale redécouverte par le Dr Mikao Usui: cela fait partie du premier niveau de formation (voir pages 18-19). Cette tradition orale s'est perpétuée de maître à élève pendant de nombreuses années. De nos jours, des versions écrites de l'histoire sont incluses dans les livres sur le reiki. Personne n'avait jamais remis en question l'histoire traditionnelle du reiki, jusqu'à ce que certains maîtres, curieux d'en savoir plus sur les origines de la méthode, découvrent des incohérences dans l'histoire enseignée, mais les principaux faits demeurent les mêmes.

Le Dr Mikao Usui a vécu à Kyoto au Japon au milieu du XIXe siècle. Le pays était alors plus ouvert aux étrangers et le Dr Usui, converti au christianisme par les missionnaires, s'était fait prêtre et professait la foi chrétienne. Devenu doyen d'une petite université chrétienne, il enseignait régulièrement aux étudiants. Un jour, au beau milieu de l'un de ses cours, un de ses étudiants lui demanda s'il croyait que les histoires contenues dans La Bible étaient vraies. « Bien sûr », répondit-il. Les étudiants enchaînèrent en lui demandant s'il croyait aux guérisons miraculeuses accomplies par le Christ. Quand il répondit oui, ses étudiants voulurent savoir pourquoi il n'y avait pas plus de guérisseurs dans le monde, puisque Jésus avait dit: « Vous ferez comme moi, et même des choses plus grandes encore. » Ils lui demandèrent alors s'il pourrait leur enseigner les méthodes de guérison du Christ. Quand, vaincu, le Dr Usui leur répondit qu'il en serait incapable, son sens de l'honneur japonais le força à démissionner de son poste de doyen, parce qu'il n'avait pas pu aider ses étudiants.

la quête du dr usui

Piqué au vif par la dernière question de ses élèves, le Dr Usui voulut en connaître plus sur les pouvoirs de guérison du Christ, et cela allait devenir la quête de toute sa vie. Comme il avait été éduqué par des missionnaires occidentaux, il décida de commencer sa recherche dans un pays chrétien et il partit pour les États-Unis. Il s'inscrivit à l'université de Chicago et y étudia pendant sept ans. Mais devenu docteur en théologie, il n'avait toujours pas trouvé comment Jésus avait réussi à guérir les gens.

Pensant qu'il pourrait en apprendre plus sur les méthodes de guérison du Bouddha, il décida de retourner au Japon pour y étudier le bouddhisme. Il voyagea dans tout le pays et visita de nombreux monastères bouddhistes où il fut découragé dans ses recherches par les moines qui lui dirent que la guérison bouddhiste ne s'intéressait pas au corps, mais à l'esprit. Mais le Dr Usui était déterminé à poursuivre ses recherches coûte que coûte, et il se retrouva dans un monastère zen à Kyoto. L'abbé du monastère croyait lui aussi qu'il devait être possible de guérir le corps aussi bien que l'esprit, et que la méthode de guérison physique s'était perdue ou était tombée dans l'oubli au fil des ans.

Le Dr Usui demeura plusieurs années au monastère pour étudier les écritures bouddhistes, les soutras, mais encore là, il ne trouva aucun renseignement utile. Comme le bouddhisme avait atteint le Japon en passant par la Chine, il apprit le chinois pour pouvoir lire plus de soutras. Plus tard, il étudia le

Le Dr Mikao Usui,
fondateur du reiki
au milieu du XIXe
siècle, au Japon.

sanskrit, la plus ancienne langue indienne, de manière à pouvoir lire les soutras tibétains. Il semble qu'il ait ensuite voyagé en Inde occidentale et au Tibet, où il aurait lu les manuscrits tibétains (retrouvés à son époque) qui racontaient les voyages d'Isa, dont on croyait qu'il avait été Jésus. Il trouva quelques réponses dans les soutras japonais et d'autres manuscrits qui décrivaient les méthodes de guérison du Bouddha, mais malgré tous ses déplacements et ses recherches, il n'avait toujours pas trouvé une technique efficace.

la retraite dans la montagne

Le Dr Usui retourna au monastère zen, où il exposa sa situation à l'abbé. Ils conclurent qu'il devrait faire une retraite de 21 jours dans la montagne, où il jeûnerait et méditerait pour trouver l'illumination. Ils choisirent une montagne sacrée appelée Kuri Yama, à environ 24 km de Kyoto. Le Dr Usui franchit la montagne et choisit un emplacement spécial pour méditer, face à l'est. Il ramassa 21 pierres de manière à pouvoir faire le décompte des jours en lançant au loin une pierre par jour. Pendant 20 jours, rien d'extraordinaire ne lui advint, mais juste avant l'aurore du vingt-et-unième jour, alors qu'il priait pour qu'on lui envoie un signe, il vit apparaître une lumière dans la pénombre, une lumière qui grandissait à mesure qu'elle s'approchait de lui. Il fut d'abord très effrayé et voulut se sauver, mais il résista à cette impulsion, se disant qu'il devait rester au cas où cette lumière lui apporterait enfin la solution à sa quête.

La lumière s'approcha de plus en plus près, jusqu'à le frapper au beau milieu du front. Comme il voyait des millions de bulles arc-en-ciel, le Dr Usui crut qu'il était en train de mourir. D'arc-en-ciel, les bulles passèrent lentement au blanc, et chacune contenait un caractère sanskrit doré (un symbole reiki), comme ceux qu'il avait découverts dans les manuscrits tibétains. Une à la fois, les bulles lui apparurent, de sorte qu'il put mémoriser chaque caractère avant qu'il ne disparaisse. Il comprit la signification de chaque caractère et comment il pourrait s'en servir pour stimuler l'énergie de guérison. Ce fut le premier miracle.

Quand le Dr Usui revint de ce qu'il avait ressenti comme une transe, il faisait grand jour. Pressé de partager ses expériences avec l'abbé, il entreprit de redescendre la montagne. Comme il accélérait le pas, il glissa sur une pierre et se coupa l'orteil. Instinctivement, il se pencha pour prendre son orteil entre ses doigts et s'étonna, quelques minutes plus tard, en s'apercevant que le sang avait cessé de couler et que la douleur avait diminué: une étonnante guérison venait de se produire. Ce fut le deuxième miracle.

Le Dr Usui continua sa descente et s'arrêta dans une auberge au pied de la montagne pour se sustenter. Malgré la mise en garde du propriétaire qui lui recommandait d'opter pour quelque chose de léger après un aussi long jeûne, il commanda un petit déjeuner japonais traditionnel. Il mangea très vite, mais ne ressentit aucun inconfort. Pendant qu'il déjeunait, il vit que la petite-fille du propriétaire avait la mâchoire enflée et qu'elle souffrait d'un mal de dents aigu. Elle n'avait pas pu se rendre à la ville, qui était à plusieurs jours de route, pour consulter un dentiste, alors le Dr Usui demanda s'il pouvait tenter de la soulager. Quand il posa ses mains sur la région atteinte, l'enflure diminua rapidement et la douleur disparut. Ce fut le troisième miracle de la journée.

Il continua son voyage jusqu'au monastère zen où il trouva l'abbé en proie à une terrible crise d'arthrite. Une fois encore, le docteur mit ses mains sur la région affectée et, à la grande surprise de son ami, la douleur se dissipa. Le quatrième miracle venait de se produire.

aider les autres

Le jour suivant, le Dr Usui consulta l'abbé pour savoir comment il pourrait mettre à profit les nouvelles capacités de guérison qu'il avait acquises. Ensemble, ils décidèrent qu'il irait travailler dans le quartier des mendiants de Kyoto, pour soulager leurs souffrances. Il quitta le monastère sur-le-champ et s'en alla vivre avec les mendiants, les soignant et les encourageant à entreprendre une nouvelle vie. Mais quelques années plus tard, il s'aperçut que beaucoup des mendiants qu'il avait soignés et qui

« Le reiki vous guidera.

Abandonnez-vous aux mains du reiki.

Elles sauront ce qu'il faut faire. »

(Mme Hawayo Takata)

avaient recommencé à zéro, étaient retournés à la mendicité. Il en fut accablé. Il réalisait qu'en soignant les corps, il avait omis de soigner les esprits comme les moines le lui avaient conseillé, ce qui expliquait que les mendiants n'avaient pas pris leur vie en main. Il venait de comprendre qu'un échange d'énergie était indispensable et que les gens avaient besoin de donner quelque chose en contrepartie de leur guérison, de sorte que leur vie ne leur apparaisse pas sans valeur.

Le Dr Usui quitta le quartier des mendiants et, en se servant des symboles qui lui avaient été dévoilés (voir pages 16-17), il entreprit d'enseigner la guérison reiki dans tout le Japon. Il développa aussi les cinq principes spirituels qui devaient servir de complément à la guérison physique (voir pages 14-15), et commença à enseigner aux gens comment se soigner et comment soigner les autres.

les nouveaux maîtres

Le Dr Usui entreprit également de former d'autres hommes pour en faire des maîtres. L'un d'entre eux était le Dr Chujiro Hayashi, un officier de la marine à la retraite. Pendant plusieurs années, les deux hommes travaillèrent ensemble à l'élaboration d'un système d'enseignement et, au début des années

1920, le Dr Usui choisit le Dr Hayashi comme successeur pour transmettre la tradition reiki. Le Dr Hayashi fonda une clinique de reiki à Tokyo où il traita de nombreuses personnes, allant même au domicile de celles qui ne pouvaient pas se rendre à la clinique. C'est dans cette clinique qu'une Américaine d'origine japonaise, Hawayo Takata, alla se faire soigner.

Hawayo Takata

Hawayo Takata est venue au monde en 1900 sur l'île hawaïenne de Kauai. En 1935, devenue veuve, elle tentait de s'en sortir avec deux petites filles très actives, quand, aux prises avec de graves problèmes de santé, elle sombra dans la dépression. S'étant fait dire qu'une intervention chirurgicale pourrait lui sauver la vie, elle prit des arrangements pour subir cette intervention alors qu'elle était au Japon, en visite chez des parents. Le jour venu, juste avant d'entrer dans la salle d'opération, elle entendit la voix de son défunt mari qui lui répétait qu'elle ne devait pas subir cette intervention. Madame Takata confia à son médecin les doutes qu'elle avait concernant ce traitement et lui demanda s'il n'y avait pas d'autres options. Le docteur lui parla d'une clinique reiki où un membre de sa famille avait été soigné avec succès.

Madame Takata se rendit donc à la clinique pour y être soignée, et bien que les premières séances l'aient laissée perplexe, elle finit par se détendre et apprécia l'énergie de guérison. Étonnée de la chaleur qui émanait des mains de son guérisseur, elle cherchait à savoir où se cachait l'équipement électrique qui pouvait produire une telle chaleur, avant d'être parfaitement convaincue qu'il s'agissait simplement de la force de l'énergie vitale. Quelques mois plus tard, elle était guérie. Impressionnée par les effets du reiki, elle demanda au Dr Hayashi s'il accepterait de lui enseigner la méthode pour qu'elle la rapporte à Hawaï. Il commença d'abord par refuser, sous prétexte que c'était une étrangère et, qui plus est, une femme. Mais il la prit finalement comme apprentie, et l'initia au reiki du premier et du deuxième niveau (voir pages 18-21). Madame Takata retourna à Hawaï et commença à donner des séances de reiki sur une base régulière. En 1938, elle fut reçue maître par le Dr Hayashi, alors qu'il lui rendait visite à Hawaï.

Peu de temps après que le Dr Hayashi fut reparti pour le Japon, madame Takata fit un rêve inquiétant et comprit aussitôt qu'elle devait retourner le voir. À son arrivée, le Dr Hayashi, qui avait vécu une expérience prophétique similaire, s'entretint avec elle d'une guerre possible entre le Japon et les États-Unis. Il s'inquiétait qu'en tant qu'ex-officier de marine, son pays ne le rappelle pour servir dans l'armée. Il prédit avec justesse l'issue de la guerre, et décida que madame Takata lui succéderait comme Grand Maître. Il voulait lui transmettre ses connaissances et se fier sur elle pour perpétuer la tradition reiki. Peu de temps après leur conversation, juste avant le début de la guerre, le Dr Hayashi mourut.

Le grand maître usui
Madame Takata retourna à Hawaï et continua à pratiquer le reiki pendant la guerre. Pendant les 40 années qui suivirent, elle réussit à implanter le reiki aux États-Unis, mais c'est seulement au cours de la dernière décennie de sa vie – elle était alors septuagénaire – qu'elle commença à former d'autres

maîtres reiki. À sa mort, le 11 décembre 1980, elle avait initié 22 maîtres pour répandre le reiki à travers les États-Unis et l'Europe. Aucun successeur n'avait été nommé Grand Maître, mais sa petite-fille, Phyllis Lei Furomoto, et le Dr Barbara Weber Ray, un autre maître reiki, s'associèrent dans la promotion de la méthode Reiki Usui. Les deux femmes ne travaillèrent toutefois pas très longtemps ensemble, et le Dr Barbara Weber Ray fonda sa propre école. Un an après la mort de madame Takata, plusieurs maîtres se rencontrèrent pour former une alliance dont le but était de conserver la tradition reiki et de standardiser les techniques d'enseignement. Phyllis Lei Furomoto fut choisie pour agir à titre de Grand Maître Usui, une responsabilité qu'elle assume encore aujourd'hui. L'Alliance a actuellement des bureaux aux États-Unis et en Europe.

Jusqu'au début de 1988, seul le Grand Maître pouvait initier les élèves appelés à devenir des maîtres. Mais Phyllis Lei Furomoto modifia les règlements pour permettre à tous les maîtres de former et d'initier les étudiants du troisième niveau, de sorte que la méthode traditionnelle Usui puisse se répandre partout à une plus grande échelle.

le reiki aujourd'hui
Tous les maîtres Usui actuels enseignent la méthode reiki transmise par madame Takata et Phyllis Lei Furomoto. Elle compte neuf éléments qui comprennent l'initiation, l'argent, les symboles, les traitements, et la tradition orale et spirituelle de haut lignage. Si l'un ou plusieurs de ces éléments sont altérés ou modifiés, la méthode ne peut plus être appelée Reiki Usui.

Au début des années 1990, Paul David Mitchell est nommé directeur de l'Alliance reiki et travaille avec Phyllis Lei Furomoto à former et conseiller les maîtres dans l'interprétation des éléments Usui à travers le monde, veillant à ce que tous les enseignements du Reiki Usui respectent les standards exigés.

Dans le sens des aiguilles d'une montre: Dʳ Chujiro Hayashi, successeur du Dʳ Usui; Hawayo Takata, le Grand Maître qui lui a succédé et qui a apporté le reiki aux États-Unis, et Phyllis Lei Furomoto, l'actuel Grand Maître.

les cinq principes spirituels

Le Dr Usui établit ces cinq principes après avoir travaillé dans le quartier des mendiants de Kyoto au Japon, où il réalisa que ses patients n'appréciaient pas que leur guérison soit gratuite, puisqu'ils refusaient par la suite d'assumer leur propre vie (voir page 11). Les principes sont des pensées sur l'appréciation de la vie et sur les moyens de grandir et de se transformer. Certains pensent qu'ils s'inspirent des conseils sur la façon de vivre une vie bien remplie de l'empereur japonais de l'époque Meiji (1868-1912). D'autres croient qu'ils prennent leur origine dans les croyances chrétiennes du Dr Usui lui-même. Quoi qu'il en soit, ces conseils peuvent varier d'un maître reiki à un autre et peuvent servir à la méditation.

1 Un jour à la fois, n'ayez crainte

Il y a un but divin dans chaque chose, et si nous sommes inquiets, c'est que nous avons oublié cela. L'inquiétude signifie aussi que nous avons perdu la foi, et elle nous limite. Elle nous empêche de réussir et est cause de tension et de stress. Le Dr Usui disait aux gens d'être confiants, que si leurs messages étaient clairs, l'univers comblerait toujours leurs besoins. Si aujourd'hui vous êtes inquiets, n'y pensez plus, demandez l'aide divine et n'ayez crainte: votre problème sera résolu.

2 Un jour à la fois, ne vous mettez pas en colère

Lorsque nos attentes envers nous-mêmes ou les autres sont déçues, ou que tous nos besoins et désirs ne sont pas satisfaits, il arrive que nous nous mettions en colère. La colère peut parfois être utile, si elle sert à faire changer les choses de façon positive, mais elle peut aussi être destructrice et nos accès peuvent blesser les gens. Vous avez le choix de vous fâcher ou non; vous avez peut-être pris l'habitude de réagir ainsi à certaines situations. Essayez de prendre quelques bonnes inspirations et de réagir de façon plus rationnelle ou sympathique, lorsque vous sentez monter la colère. Le Dr Usui ne s'attendait pas à ce que les gens évitent complètement la colère, mais plutôt qu'ils essaient de faire face aux situations avec une attitude plus positive.

Gagnez honnêtement votre vie

Ce principe réfère à toutes les tâches que nous accomplissons chaque jour, même les plus simples, comme cuisiner par exemple. Il faut respecter chaque menu travail que vous entreprenez et y trouver de la valeur et une réelle satisfaction, que vous le fassiez bénévolement ou moyennant rémunération. Une personne qui gagne sa vie honnêtement peut se fier sur ses propres capacités pour prendre soin d'elle-même. C'est une question d'honnêteté et d'amour envers les autres et soi-même. Le Dr Usui avait compris que la malhonnêteté était lourde à porter pour beaucoup de gens, et que le fait de vivre de façon plus intègre les forcerait à être plus à l'écoute de leur côté créatif et de leurs objectifs personnels.

Soyez reconnaissant pour tout ce qui est vivant

Être reconnaissants pour tout ce que nous avons confirme l'abondance dans nos vies et nous aide à vivre encore plus intensément. Bref, nous récoltons ce que nous avons semé. À mesure que votre conscience établira un lien spirituel avec l'énergie universelle, vous réaliserez que toute chose vivante fait partie de vous, et vice versa. Il n'y a pas de place dans ce monde pour les préjugés ou le mépris des autres. Il faut reconnaître à chaque être — incluant les plantes, les animaux, les oiseaux et les insectes — une valeur propre, et lui prêter respect. Le Dr Usui savait que le simple fait d'exprimer de la gratitude pour toutes les choses qui nous entourent apporte la joie, le succès et la prospérité dans nos vies.

Honorez vos parents et vos aînés

Témoignez toujours le plus grand respect à vos parents qui vous ont donné la vie. Si votre relation avec vos père et mère n'est pas parfaite, le respect peut aider à résoudre les sentiments négatifs qui vous animent. Nous avons beaucoup à apprendre de nos aînés et des personnes âgées en général, aussi importe-t-il de les écouter et de les aimer. En fait, nos gestes d'affection devraient s'étendre à toutes les choses vivantes. Les actions inhumaines de certaines personnes envers leurs semblables et la planète ont souvent eu des conséquences désastreuses. De nos jours, beaucoup ont compris que nous nous devons d'être plus positifs pour que notre monde puisse survivre et continuer à évoluer. Commencez avec des gestes d'amour envers vos amis et votre famille, puis essayez d'en faire autant pour chaque personne que vous rencontrez.

les symboles du reiki

Pendant des siècles, les symboles ont fait partie de nombreuses cultures, et plus particulièrement des cultures orientales. Parce que l'on croit qu'ils possèdent différentes significations qui influent sur le mental, le spirituel et l'émotionnel, on leur attribue des pouvoirs spéciaux. De nombreux symboles ancestraux, dont quelques-uns sont encore en usage aujourd'hui, furent représentés dans l'art et révérés par les civilisations anciennes. Le reiki utilise quatre symboles que le Dr Usui a reçus sur le mont Kuri Yami durant sa retraite spirituelle. Trois de ces symboles sont enseignés aux étudiants de deuxième niveau (voir pages 18-21), alors que le quatrième est divulgué exclusivement aux maîtres reiki. Ces signes calligraphiques sont une part très importante de la guérison reiki et sont activés par des mantras spéciaux que l'on enseigne aux étudiants en même temps que la méthode. Les symboles permettent d'établir un rapport plus étroit entre le guérisseur reiki et l'énergie vitale qu'il canalise. Ils doivent être appris et mémorisés après chaque harmonisation, car aucun document écrit les concernant ne peut être conservé. Vu la nature sacrée et profondément spirituelle des symboles et vu qu'ils doivent être gardés secrets et privés, ils ne sont pas reproduits dans ce livre.

uniques au reiki

Les symboles sont uniques au reiki et lui assurent une place à part si on le compare aux autres méthodes pratiques de guérison. On croit qu'ils peuvent nous révéler des parties profondément enfouies de notre moi intérieur. Le reiki est reconnu pour utiliser des symboles qui possèdent un pouvoir d'énergie spécial capable de nous guider sur la voie spirituelle, qui n'en est qu'un des aspects, tout comme la guérison physique. Les trois symboles enseignés au deuxième niveau aident dans des cas spécifiques: le premier accroît le pouvoir de guérison du reiki qui est d'abord canalisé au premier niveau d'initiation, pour vous aider à vous débarrasser de vos énergies négatives en protégeant le guérisseur; le deuxième aide à résoudre les problèmes mentaux et émotionnels et peut aussi améliorer vos capacités d'apprentissage et de mémorisation. Le troisième sert à guérir les absents: on peut s'en servir à n'importe quel moment, pour soigner une personne souffrante n'importe où dans le monde. Ce type de guérison peut également être envoyé dans le passé (pour panser des séquelles émotionnelles) ou dans le futur (pour vous prémunir contre les ennuis à venir). Le quatrième symbole est enseigné uniquement aux maîtres reiki; ceux-ci s'en servent durant le processus d'harmonisation, pour relier leurs élèves à l'énergie de guérison reiki.

devenir guérisseur: initiation au reiki

Vous pouvez vous servir des positions de guérison illustrées dans ce livre et obtenir des résultats sans avoir été initié, car le reiki est facile à apprendre, puisqu'il s'agit d'une méthode simple d'imposition des mains. Les adultes comme les enfants peuvent être harmonisés ou initiés à l'énergie de guérison par un maître reiki. Pour vous traiter ou pour traiter quelqu'un d'autre, vous devez avoir été initié. L'initiation au reiki comporte trois niveaux: au troisième niveau, l'initié devient maître reiki. De nombreuses personnes sont satisfaites de pouvoir traiter les membres de leur famille ou leurs amis grâce au premier niveau (Reiki 1) et ne désirent pas aller plus loin. Si toutefois vous désirez continuer votre formation, il est préférable d'attendre au moins trois mois pour vous habituer à l'énergie, avant d'entreprendre le cours du deuxième niveau. Pour vous rendre au troisième niveau et devenir maître reiki, il est recommandé d'attendre au moins une année après le deuxième niveau. Les harmonisations se font graduellement, parce que la personne qui reçoit l'énergie serait incapable d'assimiler toute la force de l'énergie vitale en une seule fois. Le corps physique et l'aura (voir pages 24-25) ont besoin de s'adapter petit à petit aux changements dans leurs niveaux de vibrations. L'élève doit absolument prendre le temps d'absorber les enseignements du reiki.

Certains maîtres reiki recommandent que les étudiants s'imposent une préparation de trois jours avant de commencer une formation: ils prendront des repas légers et éviteront l'alcool et les drogues pour préparer leur corps à recevoir l'énergie. Les groupes de formation ne dépassant pas 15 personnes et un maître sont préférables aux groupes plus importants.

le premier niveau du reiki

La formation pour le reiki du premier niveau ou Reiki 1 consiste normalement en quatre séances, avec une harmonisation par séance. Habituellement offerte le week-end, la formation peut aussi se donner en quatre soirées. Chaque maître reiki y ajoutera son interprétation personnelle, mais la structure de base restera la même.

En général, la première journée commence avec les présentations. Chaque participant explique aux autres les raisons qui l'ont poussé à s'inscrire. Le maître reiki raconte lui aussi ce qui l'a incité à s'initier au reiki; il relate l'histoire de la méthode, et parle des cinq principes spirituels qui sous-tendent la pratique de guérison. La première harmonisation est donnée, puis la deuxième, qui suit normalement une pause. Les élèves sentent déjà l'énergie circuler dans leurs mains et on leur enseigne les positions de l'autotraitement (qui peuvent varier légèrement d'un maître à un autre). Le maître explique ensuite pourquoi il faut s'accorder un temps de purification de 21 à 30 jours, pendant lequel l'étudiant se fait à lui-même un traitement complet quotidiennement. Le minimum de 21 jours est basé sur la durée du jeûne du Dr Usui, mais c'est aussi le temps que met l'énergie à circuler dans les chakras. La purification désintoxique le corps et il peut en résulter une intolérance aux produits laitiers ou de la diarrhée. Cela peut causer des changements physiques et équilibrer le mental et les émotions. Un traitement quotidien personnel permet aux étudiants de se soigner émotivement et physiquement, avant de traiter les autres et de les aider à devenir plus conscients de la façon dont l'énergie circule.

Le deuxième jour, les étudiants partagent les expériences qu'ils ont faites la veille, avant de passer à la troisième et à la quatrième harmonisation. La dernière harmonisation les aide à fixer l'énergie reçue et à se débarrasser de l'impression « d'étourdissement », de « tête légère » dont plusieurs font l'expérience.

On leur expliquera peut-être aussi comment utiliser le reiki pour leur croissance spirituelle et person-

Durant l'harmoni-
sation du Reiki 1,
on demande à
l'élève de se dé-
tendre et de mé-
diter en joignant
les mains dans la
position de la
prière, alors que
le maître procède
à son harmoni-
sation.

nelle, ou encore comment le reiki peut soigner les animaux et les plantes. Le reste de la journée, ils apprendront les positions pour traiter les autres, et comment aider quelqu'un qui traverse une crise émotionnelle en cours de guérison. Normalement, le maître répondra au fur et à mesure à toutes les questions posées au cours de la journée. Souvent, à la fin de la séance, les étudiants recevront un traitement complet. On croit que l'initiation du premier niveau aide à ouvrir les chakras du cœur, des mains et du crâne, et que le flux d'énergie peut affecter ces régions de façon radicale. Bien que le reiki soit une tradition orale, il arrive parfois que l'on distribue aux élèves un document montrant les positions des mains.

le deuxième niveau du reiki

Beaucoup seront très heureux de s'en tenir au premier niveau, mais d'autres désireront s'engager plus à fond et décideront de passer au deuxième niveau (Reiki 2). Ce niveau est recommandé pour les personnes qui espèrent devenir des praticiens du reiki. Le cours est habituellement divisé en trois séances, données pendant un week-end ou en trois soirées. Cette étape exige un plus grand engagement personnel, parce que l'harmonisation reçue agit tout particulièrement sur l'aura de l'étudiant (voir pages 24-25), affectant par le fait même son mental et ses émotions, tout en augmentant ses capacités intuitives. Encore une fois, une période de purification de 21 à 30 jours est recommandée après le cours, pour faciliter l'intégration de l'énergie.

Au deuxième niveau, les étudiants auront la capacité de canaliser beaucoup plus d'énergie qu'au premier. Une seule harmonisation peut suffire à ouvrir plus complètement les chakras. Le maître montre alors à ses élèves comment se servir des trois symboles et des mantras (ceux-ci doivent être appris par cœur) qui les activent (voir pages 16-17). Ce processus intensifie l'énergie reiki et donne aux étudiants la capacité de guérir à distance en se servant des symboles. Tout ce qu'il faut, c'est le nom ou une photographie de la personne, de manière à pouvoir se relier à elle avant de transmettre l'énergie. Cette énergie peut aussi être envoyée dans le passé pour modifier les modèles négatifs, ou dans le futur, pour la chance.

le troisième niveau du reiki

Ce niveau (Reiki 3) sert à former l'étudiant qui veut devenir maître ou enseignant. À la création de l'Alliance Reiki en 1981, les maîtres décidèrent que ceux qui désiraient enseigner la méthode Usui devraient être apprentis auprès d'un maître pendant au moins 12 mois. Dans les années 1970, madame Takata avait déjà établi le prix du cours de maîtrise à $10 000 US, une somme considérable à l'époque. Ce prix élevé, qui est à peu près toujours le même de nos jours, fut établi pour illustrer le profond engagement qu'exige cette formation spécialisée.

Durant l'année d'apprentissage, l'étudiant apprend, entre autres choses, à développer sa personnalité pour acquérir la maturité et la compréhension spirituelle pour enseigner aux autres. On lui donne un autre symbole et un autre mantra, ainsi qu'une harmonisation supplémentaire, ce qui augmente de façon substantielle sa capacité à canaliser l'énergie reiki. On lui apprend également comment organiser les cours et enseigner aux élèves. Le fait de devenir maître reiki représente un engagement de toute une vie, et vu la transformation spirituelle qui s'ensuit, d'autres aspects de la vie, comme les relations personnelles et le style de vie, peuvent en être affectés.

Il y a actuellement des maîtres indépendants qui offrent, pour une somme moindre, le troisième niveau du Reiki comme s'il s'agissait d'un simple cours, plutôt que d'un apprentissage. Il arrive aussi parfois que le cours soit divisé en deux niveaux: maître reiki (ou maître-praticien) et maître-enseignant reiki. On y inclut souvent une harmonisation additionnelle, et des symboles et des mantras supplémentaires pour d'autres traditions de guérison. Un cours accéléré n'est pas toujours le chemin le plus facile et chaque individu doit choisir consciencieusement la formation qui répondra à ses besoins. Un maître reiki doit avoir une bonne compréhension de la tradition Usui et s'appliquer à aider les autres à atteindre leur plein potentiel physique et spirituel.

Avant un traitement, l'eau sert à purifier vos mains; après le traitement, elle vous permet de vous couper de l'énergie.

le système endocrine

Lors d'un traitement reiki, l'énergie de guérison va d'elle-même se concentrer là où le besoin s'en fait sentir. Ainsi, si une personne a mal à une jambe, le guérisseur lui fera un traitement complet en insistant plus longuement sur la jambe douloureuse, ce qui ne garantit pas que la douleur se dissipera immédiatement, puisque l'énergie ira d'abord là où le corps en a le plus besoin, et ce ne sera peut-être pas à l'endroit où la douleur se manifeste. C'est la raison pour laquelle il faut plusieurs heures de traitement avant que le patient puisse noter une amélioration.

la fonction du système endocrine

Ce système, identifié par l'école occidentale de médecine orthodoxe, comprend sept glandes: la pituitaire, la pinéale, la thyroïde et les parathyroïdes, le thymus, les îlots de Langerhans du pancréas, les surrénales et les testicules (chez les hommes) et ovaires (chez les femmes).

Les glandes endocrines sécrètent des substances chimiques reconnues, dans le système sanguin et circulatoire, pour être des hormones qui stimulent ou modifient l'action des organes et des tissus. Les hormones aident le corps à réagir à la faim, aux maladies et aux infections, et le préparent au mouvement, au stress et à la reproduction. Elles ont aussi un rôle à jouer dans le métabolisme, la croissance, le vieillissement et le maintien de la stabilité interne, connue sous le nom d'homéostase. Toutes les glandes du système endocrine agissent de manière indépendante, mais si l'une fonctionne au ralenti ou en accéléré, cela affectera les autres.

Lorsque l'on pose les mains sur la tête, l'énergie dégagée agit sur la pituitaire et la pinéale. La glande pituitaire coordonne les autres glandes, régularise le sommeil et les liquides corporels, et stimule la croissance. La glande pinéale contrôle le développement sexuel et la pigmentation de la peau. L'imposition des mains sur la gorge influence la thyroïde et les parathyroïdes, qui contrôlent le métabolisme et aident à équilibrer les niveaux de calcium et de phosphore, essentiels au bon fonctionnement des os, des nerfs et des muscles. Lorsque posées sur la région du cœur, les mains agissent sur le thymus, qui joue un rôle crucial dans le système immunitaire en produisant des cellules « T ». Ces cellules protègent le corps contre les maladies.

Lorsque les mains sont posées sur le haut de l'abdomen, les îlots de Langerhans du pancréas et les glandes surrénales reçoivent de l'énergie. Les îlots de Langerhans sécrètent l'insuline et le glucagon, qui permettent de maintenir le niveau de glucose dans le sang. Les deux glandes surrénales sont situées au sommet des reins, et leur couche externe contrôle le niveau de sel, d'eau et de sucre dans le corps et influencent les caractéristiques sexuelles secondaires (les traits physiques qui apparaissent à la puberté). La couche interne sécrète de l'adrénaline, l'hormone qui nous permet de réagir positivement au stress. Lorsque les mains agissent sur les glandes qui composent le système reproductif, les gonades ou les ovaires s'en ressentent. Ces glandes aident à contrôler la fertilité et les émotions.

les deux systèmes

L'imposition des mains dans un traitement complet du corps vise à créer l'équilibre et l'harmonie du système endocrine et des chakras, qui est le système oriental de diagnostic. Dans le reiki comme dans d'autres méthodes de guérison, on croit que ces deux systèmes sont intrinsèquement liés. Les glandes sécrètent des hormones qui affectent la santé physique, mais lors d'un traitement reiki, les chakras – les centres spirituels de notre bien-être émotionnel – sont également stimulés. Les glandes surrénales, bien que placées plus haut dans le corps que les organes reproductifs, sont reliées au chakra racine, car lorsque cette région est traitée par le reiki, l'énergie circule rapidement dans la moelle épinière jusqu'aux surrénales.

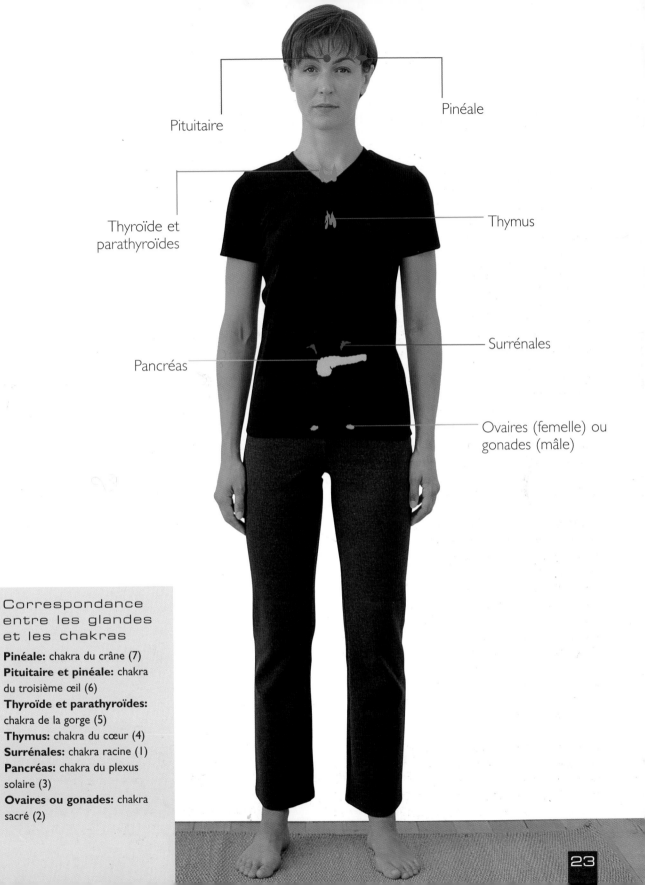

Pituitaire

Pinéale

Thyroïde et
parathyroïdes

Thymus

Pancréas

Surrénales

Ovaires (femelle) ou
gonades (mâle)

Correspondance
entre les glandes
et les chakras

Pinéale: chakra du crâne (7)

Pituitaire et pinéale: chakra
du troisième œil (6)

Thyroïde et parathyroïdes:
chakra de la gorge (5)

Thymus: chakra du cœur (4)

Surrénales: chakra racine (1)

Pancréas: chakra du plexus
solaire (3)

Ovaires ou gonades: chakra
sacré (2)

les sept chakras

Les chakras sont les centres de l'énergie spirituelle que l'on retrouve en sept points principaux de l'aura (ou corps éthérique) qui entoure le corps physique. Le premier se situe à la base de la colonne vertébrale, alors que le septième se trouve au sommet du crâne. Chakra, en sanskrit, signifie roue de la vie, et les personnes clairvoyantes disent souvent qu'elles voient les chakras comme des roues qui tournent. Les chakras sont des centres émotionnels reliés au corps physique à travers les glandes endocrines et les organes situés dans la même région du corps (voir pages 22-23). Le système endocrine contrôle les hormones dans le corps. Ces hormones, en circulant, affectent l'humeur et les émotions.

Les chakras peuvent réagir à l'énergie lumineuse qui, associée à un son et à une couleur spécifique, les fait vibrer à une certaine fréquence. Le stress ou un choc émotif peut interrompre la circulation de l'énergie à travers les chakras. Si ces problèmes ne sont pas résolus, cela peut mener à la maladie physique. Un chakra qui fonctionne mal tournera trop lentement ou trop vite. Cela peut aussi être associé à un mauvais fonctionnement des glandes ou des organes correspondants. Les couleurs que vous portez peuvent influencer vos chakras: l'orangé, par exemple, affecterait le chakra sacré. Ils peuvent aussi être rééquilibrés par un traitement reiki. En fait, lorsque les mains sont posées sur le corps, elles sont juste au-dessus des sept principaux chakras. Il suffit qu'un chakra soit déséquilibré pour que les autres en soient affectés. Il est alors préférable de donner un traitement complet pour rétablir l'harmonie. Plus il y aura de traitements, plus ce sera facile d'identifier tout déséquilibre dans les régions « invisibles » des chakras.

Nom	Fonction	Couleur
Un: chakra racine	Régit la survie et la puissance. La maladie peut se manifester sous forme de problèmes d'ossature ou de reproduction.	Rouge
Deux: chakra sacré	Contrôle la créativité et la sexualité. Des problèmes d'ordre sexuel peuvent survenir.	Orange
Trois: chakra du plexus solaire	Associé à l'intellect et à la puissance personnelle. Les blocages sont reliés aux bouleversements mentaux ou aux problèmes d'estomac.	Jaune
Quatre: chakra du cœur	Le centre des émotions, il est associé à l'amour et aux relations avec les autres. Les problèmes dans cette région peuvent réduire votre capacité à offrir et à donner de l'amour et de l'affection.	Vert
Cinq: chakra de la gorge	Cette région contrôle le métabolisme et est associée à la communication. Un déséquilibre ou un blocage peut vous pousser à contrôler les autres, et peut se manifester par des affections de la gorge.	Turquoise
Six: chakra du troisième œil	C'est de là que nous viennent nos pouvoirs intuitifs et clairvoyants. Les blocages peuvent être associés aux maux de tête et aux problèmes des yeux.	Indigo
Sept: chakra du crâne	Le centre spirituel qui nous permet d'aimer et d'apprécier les beaux objets et l'art. Les problèmes à ce niveau peuvent être reliés à des sentiments d'isolement et de désespoir.	Pourpre

Emplacement	Endocrine
Base de la colonne vertébrale, bas de la région pelvienne	Surrénales
Région pelvienne	Ovaires / testicules
Haut de l'abdomen, sous le sternum	Pancréas
Milieu de la poitrine, vers le cœur	Thymus
Milieu de la gorge	Thyroïde et parathyroïdes
Milieu du front	Pituitaire et pinéale
Sommet de la tête	Pinéale

Chakra du crâne

Chakra du troisième œil

Chakra de la gorge

Chakra du cœur

Chakra sacré

Chakra du plexus solaire

Chakra racine

à l'écoute de votre corps

problèmes émotionnels qui se traduisent en affections physiques

En général, une maladie ou affection physique se déclare lorsqu'il y a un blocage dans l'un des chakras (centres de l'énergie spirituelle). Le mental est très puissant et peut affecter notre santé physique et notre bien-être tant positivement que négativement. Aussi arrive-t-il parfois, lorsque nous sommes incapables de faire face à un choc émotionnel, que cela se traduise par un inconfort physique. L'énumération que voici n'est pas une liste exhaustive des maladies et des chakras qu'elles affectent, mais elle peut vous aider à vous examiner et à examiner les autres pour trouver la cause émotionnelle probable d'une maladie actuelle ou passée. En pratiquant le reiki sur vous-même et sur les autres, vous pouvez éliminer tout blocage énergétique malsain pour enfin envisager la vie de façon plus positive, favorisant par le fait même l'équilibre et la santé mentale, corporelle et spirituelle.

Maladie	Cause émotionnelle probable

Chakra racine (à la base de la colonne vertébrale)

Maladie	Cause émotionnelle probable
Pied d'athlète	Frustration de ne pas être accepté; difficulté à aller de l'avant.
Problèmes de jambes	La peur d'aller de l'avant. Les problèmes au haut de la jambe sont souvent reliés à des bouleversements vécus dans l'enfance, qui vous empêchent d'avancer. Les problèmes aux cuisses peuvent prendre leur source dans le manque de confiance en soi.
Problèmes de genoux	On peut associer ces maux à la peur, à une fierté et un ego tenaces, et à un caractère inflexible.
Accumulation de gras aux cuisses	Colère résultant de l'enfance, souvent dirigée contre le père.
Accumulation de gras aux hanches	Colère persistante dirigée contre les parents.
Problèmes de hanches	Peur de prendre des décisions importantes; la crainte de ne pas être aimé, ressentiment et culpabilité.
Douleur dans le bas du dos	Insécurité monétaire et manque de support financier.
Problèmes de reins	Déception ou échec. Autocritique. Cette région emmagasine des sentiments de contrariété et de colère. Ainsi, quand surviennent des problèmes de reins, cela peut indiquer que ces émotions n'ont pas été résolues.

Chakra sacré (région pelvienne)

Maladie	Cause émotionnelle probable
Problèmes au milieu du dos	Vous voulez que les gens vous laissent tranquille; sentiment de culpabilité.
Accumulation de gras sur l'estomac	Colère parce que l'on vous refuse les nourritures affectives adéquates.
Constipation	Refus d'oublier le passé ou les vieilles idées; peur de l'autorité.
Diarrhée	Peur et rejet de toute chose qui pourrait vous être bénéfique.
Problèmes de vessie	Anxiété, attachement aux vieilles idées. Peur de lâcher prise par rapport au passé.
Mycose	Associée aux sentiments de colère pour avoir pris de mauvaises décisions.

Maladie	Cause émotionnelle probable
Chakra du plexus solaire (région du haut de l'abdomen)	
Crampes abdominales	Peur qui vous empêche d'aller de l'avant.
Éructations ou renvois	Peur de manquer de quelque chose, alors vous dévorez, vous vous gavez trop vite de tout.
Gastrite	Un sentiment prolongé d'insécurité; sentiment que tout va mal.
Indigestion	Peur et appréhension dans les intestins, anxiété accablante.
Nausée	Peut être reliée à la peur de la vie, au rejet d'une idée ou d'une expérience.
Problèmes stomacaux	Peur et appréhension à l'idée de commencer quelque chose de nouveau dans votre vie.
Calculs biliaires	Amertume ou mauvais sentiments; choses que vous reprochez aux autres.
Chakra du cœur (milieu de la poitrine)	
Douleur dans le haut du dos	Reliée à un manque de soutien émotionnel, au sentiment que personne n'est là pour vous.
Douleur dans le milieu du dos	Sensation d'accablement; vous voulez que les gens vous laissent tranquille. Culpabilité.
Anxiété	Vous ne faites pas confiance à la manière dont votre vie pourrait se dérouler.
Problèmes pulmonaires	Des difficultés à respirer peuvent signifier une peur de vivre, et être reliées à la dépression ou au chagrin.
Brûlures d'estomac	Trop de peur, et un sentiment que quelque chose vous serre le cœur.
Chakra de la gorge (milieu de la gorge)	
Mal de gorge	Incapacité à vous exprimer. Vous refoulez des sentiments de colère.
Mauvaise haleine	Sentiments de colère et désir de vengeance. Vos expériences sont éculées et refrénées.
Problèmes de cou	Entêtement et inflexibilité vous ont littéralement causé de la douleur dans le cou.
Rhume des foins	Congestion émotionnelle et complexes de culpabilité et de persécution.
Amygdalite	Peur et émotions refoulées; manque de confiance dans les autres.

Grippe	Une réaction à de nombreuses croyances et peurs négatives.
Hyperthyroïdie (thyroïde trop active)	Rage due au fait qu'on vous met à l'écart.
Hypothyroïdie (thyroïde trop peu active)	Désir de laisser tomber; sensation d'étouffement.
Problèmes de dents	Indécision qui se prolonge indûment. Incapacité d'analyser les idées ou de décider quoi faire.
Problèmes de nez	Avoir le nez enchifrené peut être relié au fait de ne pas reconnaître votre propre valeur. Le nez qui coule est relié au besoin de demander de l'aide et au chagrin refoulé.
Maux de tête et migraines	Vous vous critiquez constamment; vous avez peur de vivre; peuvent aussi être associés aux craintes reliées au sexe.

Chakra du troisième œil (milieu du front)

Vertige	Désir de partir au loin, de fuir; refus de regarder vers l'avant.
Yeux: presbytie	Peur des choses qui se passent au présent.
Yeux: myopie	Peur de ce qui pourrait arriver dans le futur.
Mal d'oreilles	Colère refoulée. Refus de voir ou d'entendre ce qui se passe autour de vous; refus d'écouter vos voies intérieures.

Chakra du crâne (sommet de la tête)

Évanouissements	Sentiment de ne pouvoir faire face à la vie, alors vous vous effondrez littéralement.
Névralgie	Sentiments de colère et de culpabilité par rapport aux problèmes de communication.

préparation au reiki

Pour commencer à soigner vos amis et votre famille après avoir reçu la formation du premier niveau, il vous faut aménager un endroit adéquat dans votre maison. Si vous désirez travailler en tant que guérisseur reiki dans un centre de santé naturelle ou chez vous, il est recommandé d'attendre d'avoir complété le deuxième niveau. En tant que guérisseur, vous aurez également besoin d'une assurance responsabilité et d'indemnisation professionnelle. Vous pourrez exiger des honoraires équivalant à ceux d'un massothérapeute professionnel.

La pièce dont vous vous servez pour un traitement reiki, que ce soit une chambre à coucher ou un espace dans votre salle de séjour, doit être bien aérée, propre et bien rangée. L'atmosphère doit y être calme et chaleureuse. Vous pouvez purifier la pièce par le reiki: calmement assis, laissez l'énergie circuler dans vos mains en vous concentrant pour en évacuer toute négativité. Idéalement, vous devriez avoir une table de massage installée à la bonne hauteur, pour vous permettre de travailler autour de la personne que vous traiterez. Vous pouvez aussi recouvrir d'un molleton une table de salle à manger ou de cuisine solide de forme rectangulaire, ou encore vous servir d'un lit ferme ou d'un duvet posé par terre, mais souvenez-vous qu'au bout d'une heure, le plancher peut se révéler très inconfortable.

Bien que la personne traitée garde tous ses vêtements (demandez-lui seulement d'enlever ses chaussures) pendant la durée du traitement, elle pourrait avoir un peu froid lors d'une séance d'une heure, alors il serait bon de vous munir d'une couverture légère pour la couvrir le cas échéant. Vous aurez également besoin d'un ou deux coussins: l'un que vous glisserez sous la tête, l'autre sous les genoux. Vous pouvez aussi faire brûler de l'encens, mais si la personne a des problèmes respiratoires, optez plutôt pour une huile essentielle comme la lavande, diluée dans de l'eau, dans un brûleur à huile. Une bougie et un peu de musique douce peuvent aider à créer l'atmosphère idéale.

Quand la personne se présente pour le traitement, il est recommandé d'avoir une brève conversation. Il n'est pas nécessaire de faire le tour de son histoire médicale, et s'il s'agit d'un ami ou d'un membre de votre famille, vous connaîtrez sans doute déjà ses problèmes. Demandez-lui pourquoi elle veut un traitement, et si le malaise qu'elle cherche à soulager est physique ou émotionnel. Cela s'appelle « vérifier les besoins », et vous devriez le faire avant de vous traiter tout autant qu'avant de traiter quelqu'un d'autre, pour décider où l'énergie doit être dirigée. Prenez note des médicaments que prend la personne et des autres thérapies complémentaires qu'elle a essayées. Placez une horloge facile à lire dans la pièce, pour bien calculer le temps que vous passez dans différentes positions pendant l'heure du traitement.

préparation

■ Faites en sorte que le téléphone ne sonne pas. Assurez-vous que vous ne serez pas dérangés par les enfants ou les animaux domestiques.

■ Avant de commencer, enlevez montre et bijoux, et demandez à la personne que vous traitez de bien vouloir en faire autant.

■ Lavez-vous les mains au début, puis à la fin de la séance, pour vous défaire de l'énergie de votre patient.

■ Essayez de ne manger aucune nourriture épicée ou contenant de l'ail avant le traitement, parce que ces odeurs peuvent être irritantes.

■ Les parfums capiteux et les lotions après-rasage peuvent aussi être incommodants.

■ Pour vider votre tête de pensées encombrantes, détendez-vous ou méditez pendant un court moment avant une séance de guérison.

■ Gardez une boîte de mouchoirs en papier à portée de main, au cas où des émotions fortes remonteraient à la surface pendant le traitement.

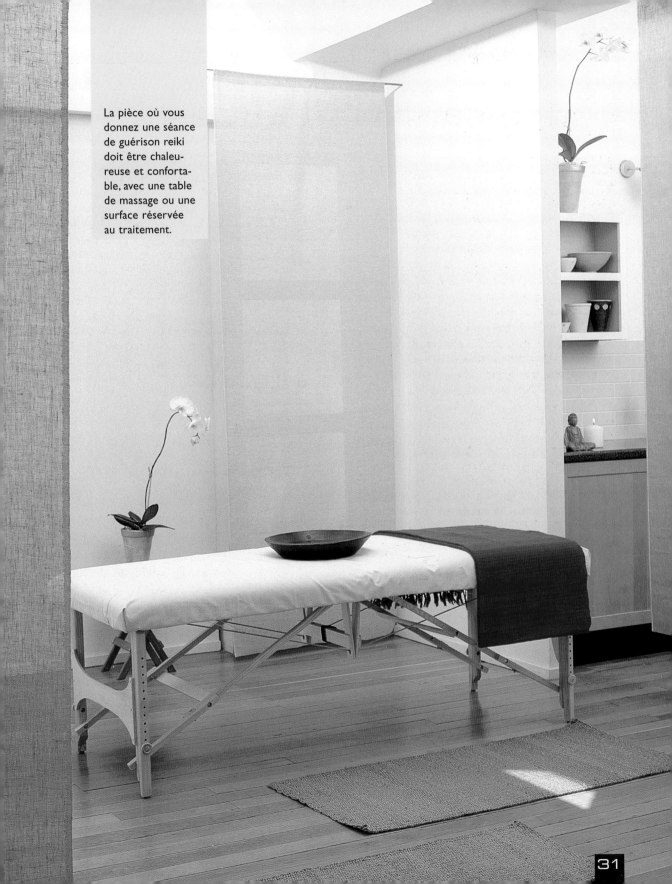

La pièce où vous donnez une séance de guérison reiki doit être chaleureuse et confortable, avec une table de massage ou une surface réservée au traitement.

traitement par le reiki

Parlez des effets du traitement: dites comment l'énergie de guérison passera à travers vous, et comment elle peut provoquer une sensation de chaleur, de froid ou de picotements. Avertissez la personne que vous traitez qu'elle pourrait ressentir de la douleur provenant d'une vieille blessure au moment où l'énergie agit sur la région traitée, et qu'elle pourrait se mettre à pleurer lorsqu'une émotion est ramenée à la surface. Parlez-lui des 12 positions des mains qui débutent sur la tête (voir page 36), et dites-lui que vous devez tenir chaque position environ 5 minutes (3 minutes quand vous avez atteint le deuxième niveau). Avisez-la qu'elle devra être couchée sur le dos pour commencer le traitement, et qu'elle devra se retourner sur le ventre pour terminer. Il vous appartient de décider si vous parlerez ou si vous répondrez aux questions pendant le traitement, mais il arrive souvent, comme vous pourrez le constater, que le patient sombre dans un sommeil léger.

Après le traitement, buvez un verre d'eau et offrez-en un à votre patient, pour évacuer les toxines qui ont été relâchées. Puis lavez-vous les mains pour vous couper de son énergie. Conseillez à la personne traitée de boire plus d'eau au cours des 24 à 48 heures qui suivront, pour favoriser la désintoxication. Dites-lui aussi d'éviter l'alcool qui peut causer des effets secondaires désagréables.

autotraitement

■ Lorsque vous vous traitez vous-même, veillez à vous asseoir ou à vous étendre confortablement sur une surface rembourrée: un lit ou un gros coussin. Les personnes qui n'ont pas suivi la formation peuvent se donner un autotraitement, mais elles auront besoin de la formation reiki pour en retirer tous les bienfaits, car ce sont les harmonisations qui procurent un flux additionnel d'énergie. Encore une fois, les 12 positions doivent être gardées 5 minutes chacune (3 minutes si vous avez passé le deuxième niveau).

Les réactions au traitement peuvent varier, puisque l'énergie de guérison se dirige là où le besoin s'en fait sentir, et tant le guérisseur que le receveur en seront affectés. Des idées créatives ou des solutions à certains problèmes peuvent surgir ou, ce qui est plus douloureux, de vieilles émotions ou de la colère peuvent rejaillir. Les gens peuvent ressentir des symptômes comme ceux de la grippe, ou certaines douleurs causées par de vieilles blessures. Il arrive aussi parfois, lorsque les toxines sont relâchées, que la vessie ou les intestins se manifestent plus fréquemment. Il se peut que ces symptômes soient plus marqués après le premier traitement, alors que s'installe le processus de purification. Il peut aussi s'agir d'une réaction beaucoup plus agréable: l'expérience d'une sensation de paix, par exemple. Le reiki est bon pour les femmes enceintes et leur bébé et peut aider à soulager les nausées du matin et les maux dans le bas du dos.

Si la personne ressent une grande détente et une légère impression de vertige après un traitement, vous devrez peut-être l'aider à « revenir sur terre » en la faisant asseoir pendant quelques minutes avant son départ, surtout si elle doit conduire.

sécurité

■ Il n'est pas recommandé de traiter une personne portant un stimulateur cardiaque ou tout autre appareil du genre, car on ne connaît pas les effets du reiki sur ces appareils mécaniques.

■ Le reiki peut aider à guérir les os brisés, mais ne donnez pas de traitement avant que l'os ait été fixé avec un plâtre, car il pourrait se ressouder au mauvais endroit.

■ Avertissez toujours les personnes qui souffrent de diabète de bien vérifier leur taux d'insuline immédiatement après un traitement, car le reiki peut le modifier.

■ Les bébés et les enfants n'ont pas besoin d'un traitement aussi long que les adultes. En général, 20 à 30 minutes de traitement devraient suffire.

■ Il ne faut pas recevoir ou donner un traitement après avoir consommé de l'alcool, car cela peut occasionner de la distorsion dans l'énergie reiki et provoquer des réactions désagréables.

■ N'essayez pas de traiter une personne hospitalisée si elle a été anesthésiée avant une opération.

■ Il est préférable de donner un traitement reiki à une personne avant ou après – plutôt que pendant – une chimiothérapie, cela ayant pour effet de réduire le niveau de toxines. Toutefois, le reiki donné en même temps qu'un traitement de radiothérapie est sans danger.

EN HAUT À DROITE: Un verre d'eau après un traitement reiki aide le processus de désintoxication.
À DROITE: Des bougies peuvent créer une atmosphère apaisante.

les douze positions de base

Au cours d'un traitement d'une heure, un guérisseur se sert

des douze positions des mains. Il existe aussi des positions

additionnelles pour traiter les genoux et les pieds

(uniquement pour traiter les autres). En règle générale, il

vous faudra garder chaque position pendant 5 minutes.

Lorsque vous en serez aux positions de la tête, essayez de

tourner votre tête de côté pour éviter de diriger votre

haleine sur la personne traitée. Détendez vos mains tout en

gardant le pouce et les doigts ensemble, et posez

doucement les talons de vos mains sur le front, pour

recouvrir les yeux de vos doigts en coupe. Assurez-vous

que la personne peut respirer sans difficulté. Comme le

traitement reiki est plus efficace lorsque vous touchez le

patient, vous devriez essayer de ne pas perdre le contact

avec le corps tout au long de la séance, pour éviter

d'interrompre le flux d'énergie reiki. Si toutefois le patient

préfère éviter tout contact, par exemple sur le visage, vous

pouvez placer vos mains légèrement au-dessus du visage, et

l'énergie circulera quand même.

le devant de la tête

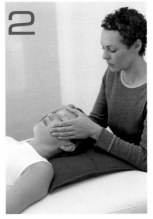

les tempes

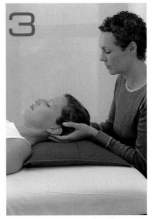

l'arrière de la tête

la gorge et les mâchoires

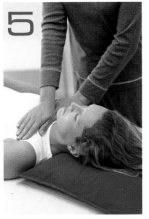

le cœur

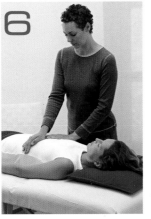

la cage thoracique

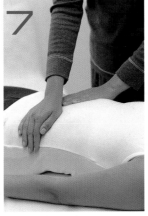

l'abdomen

la région pelvienne

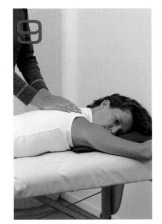

les épaules

les omoplates

le bas du dos

le coccyx

1

le devant de la tête

Votre patient doit être confortablement étendu sur une table de massage (voir pages 30-33). Assoyez-vous derrière, et frottez vos mains ensemble pour les sensibiliser, puis, paumes vers le bas, effleurez tout le corps, en notant bien tout déséquilibre, chaud ou froid. Branchez-vous sur l'énergie reiki; sentez bien comme elle circule du sommet de votre tête jusqu'à vos mains puis placez doucement les paumes sur le visage de la personne. Physiquement, l'énergie agit sur les glandes pituitaire et pinéale, sur les yeux, les sinus, le nez, les dents et les mâchoires, et peut aider à améliorer la concentration et à réduire le taux de stress. Spirituellement, cette position peut agir sur le chakra du crâne et réveiller le chakra du troisième œil (voir pages 24-25), augmentant la vision psychique et la capacité à voir les auras.

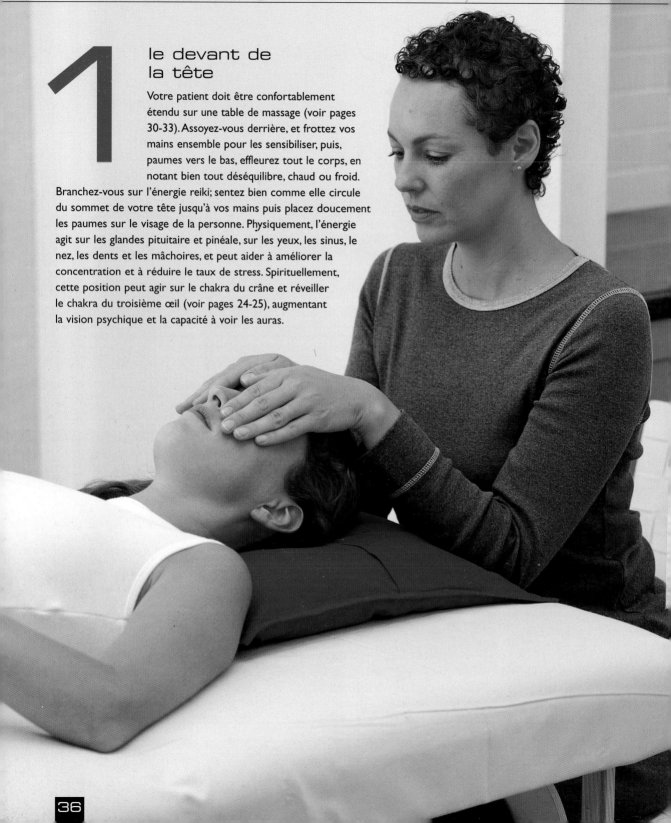

autotraitement

Soigner votre tête

Couchez-vous sur un lit ou assoyez-vous sur une surface
moelleuse, et détendez-vous en
inspirant et en expirant profondément. Placez les paumes à plat
sur vos yeux. Pour traiter le
sommet de votre tête, faites
glisser vos mains vers le haut
jusqu'à ce que vos paumes
arrivent sur vos yeux. Exercez
une pression pour atteindre un
certain confort. Visualisez l'énergie qui circule jusqu'à vos yeux
pour les stimuler; vous noterez
une sensation de chaleur dans
vos mains, qui ira s'atténuant à
mesure que votre corps absor-
bera ce dont il a besoin. L'énergie
peut affecter ou aider les régions
et maladies décrites à la page 36;
elle peut aussi rendre les idées
plus claires, améliorer votre
capacité de décision, et augmenter votre potentiel d'inspiration et d'intuition dans le
chakra du troisième œil (voir
pages 24-25).

2 les tempes

Pour la deuxième position, sans que vos mains quittent le corps de la personne traitée, déplacez-les lentement de sorte que vos paumes se retrouvent sur les tempes alors que vos mains couvrent les côtés de la tête. Vos pouces doivent se toucher au milieu du front, juste au-dessus du chakra du troisième œil. Dans cette position, l'énergie de guérison influence et aide physiquement l'intégration des parties droite et gauche du cerveau, ainsi que les muscles des yeux. Cela peut aussi aider à soulager les rhumes, les maux de tête et le mal des transports, et comme dans le cas de la première position, les glandes pituitaire et pinéale bénéficieront de l'énergie. Émotionnellement, les soucis, les chocs et le stress peuvent être soulagés. Spirituellement, il peut y avoir une amélioration de la mémoire des rêves et du passé. Mentalement, cela peut procurer une sensation de calme et améliorer la mémoire.

autotraitement

Agir sur les tempes

Sans que vos mains quittent votre corps, déplacez-les sur le côté de votre tête, juste sur les oreilles, de manière à couvrir vos tempes. Vous commencerez à vous détendre quand l'énergie se mettra à circuler dans cette région. Les régions et maladies affectées ou soignées par cette position sont celles mentionnées à la page 38. Vous pourriez également ressentir un soulagement des tensions mentales réprimées, et une amélioration de votre productivité et de vos capacités créatrices.

Agir sur le sommet de votre tête

Vous pouvez aussi essayer cette position qui agit sur les mêmes régions et maladies mentionnées plus haut. Sans couper le contact avec votre corps, faites glisser vos mains, paumes à plat, sur le sommet de votre tête, vos doigts se rejoignant au milieu. Cette position stimule également le chakra du crâne (voir pages 24-25), reconnu pour être le lien avec la partie supérieure de notre être.

3 l'arrière de la tête

Pour la troisième position, déplacez doucement vos mains, paumes vers le haut, sous la tête de la personne, de sorte qu'elles supportent l'arrière du crâne.

C'est l'une des positions les plus relaxantes qui soient, parce qu'elle offre soutien et affection; elle rappelle la mère soutenant la tête du bébé. Physiquement, cette position influence le poids et la vue ainsi que tout le système nerveux, et elle peut soulager la douleur et les nausées. Émotionnellement, elle peut contrer la dépression. Mentalement, elle a le pouvoir de calmer un esprit agité.

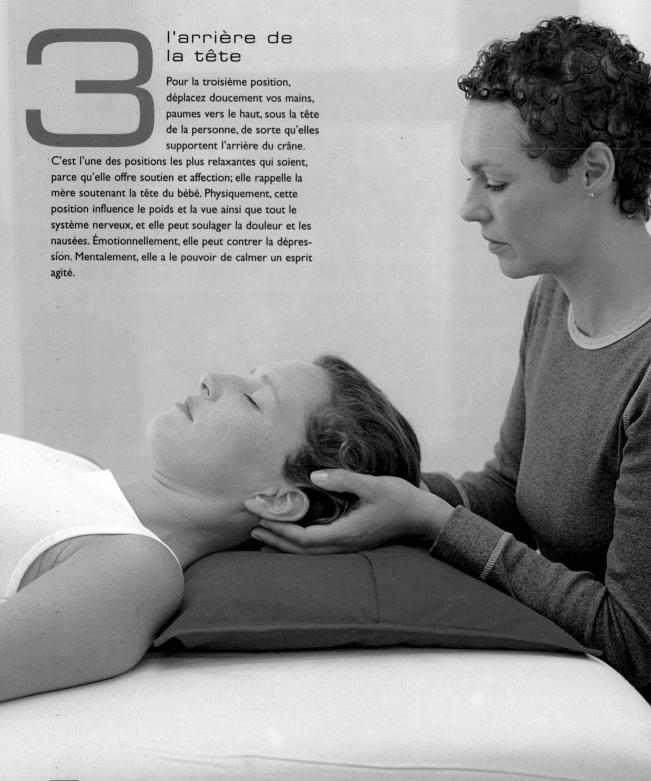

autotraitement

Agir sur la base de votre tête

Faites glisser vos mains de vos
tempes à l'arrière de votre tête
et refermez-les l'une sur l'autre à
la base du crâne, sur le lobe occi-
pital, tel qu'illustré dans la photo
de droite. Les régions et les
maladies soignées sont les
mêmes que celles décrites à la
page 40. Cette position aide aussi
la relaxation. Elle affecte la
volonté qui, si elle est limitée,
peut faire que la personne se
sous-estime et que les autres
exercent un plus grand pouvoir
sur elle.

**Agir sur l'arrière de votre
tête**

Si vous la trouvez plus facile, vous
pouvez essayer cette position (en
bas), qui agira sur les mêmes
régions ou maladies mentionnées
plus haut. Placez vos paumes à
plat, l'une au-dessus de l'autre, à
l'arrière de votre tête. Cette
région du corps absorbe aussi
une grande quantité d'énergie, et
un corps bien équilibré et
harmonieux vous aidera à
atteindre de bons résultats.

4

la gorge et les mâchoires

Pour la quatrième position, placez vos mains sur la gorge de la personne traitée, vos paumes en coupe sur le menton et la gorge. L'énergie agit sur les amygdales, la gorge, le larynx et les glandes thyroïde et parathyroïdes, et peut aider à régler l'hypertension et l'hypotension. Elle peut aussi induire un meilleur drainage lymphatique et soulager les problèmes de métabolisme, de poids et d'anorexie. La mâchoire est un endroit où beaucoup d'émotions viennent se loger, aussi le fait de travailler dans cette région peut-il dissiper l'animosité, le ressentiment et la colère.

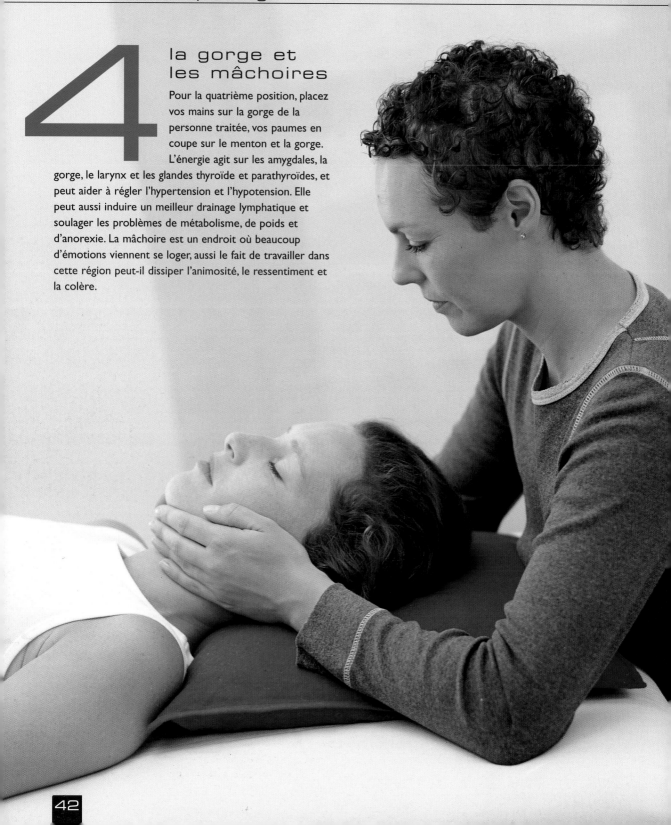

autotraitement

Agir sur votre gorge et vos mâchoires

Pour la position finale de la tête (à droite), placez vos mains autour de votre gorge, de manière à tenir la base de votre menton, en ramenant les talons de vos mains ensemble sous votre menton. Cette position agit sur les régions et maladies mentionnées à la page 42. Mentalement, l'énergie vous aidera à vous calmer et à avoir des idées plus claires. Émotionnellement, elle vous rendra plus confiant et joyeux.

Agir sur la région de votre gorge

Cette seconde position peut servir à traiter les mêmes régions et maladies mentionnées plus haut (à gauche). Placez une main sur votre gorge et l'autre juste un peu plus bas, sur votre poitrine. Le chakra de la gorge sera également stimulé par cette position (voir pages 24-25), qui vous fera souvent l'effet d'aiguilles ou de piqûres; vous pourriez aussi avoir envie de vous racler la gorge ou de tousser, ce qui est bon signe, car en général cela signifie qu'un blocage ayant trait à quelque chose que vous auriez voulu dire ou que vous refouliez a été enrayé. Il vous sera désormais plus facile d'exprimer ce que vous ressentez vraiment.

5 le cœur

Pour la cinquième position, installez-vous d'un côté de la personne que vous traitez et posez vos mains l'une par-dessus l'autre sur le haut de sa poitrine. Le cœur, les poumons et le thymus, qui affectent le système immunitaire, sont influencés dans cette position. L'énergie peut aider à diminuer le stress ou la dépression, et à un niveau émotionnel profond, elle affectera le chakra du cœur, en augmentant sa capacité à donner et à recevoir de l'amour. Mentalement, cela peut créer l'harmonie.

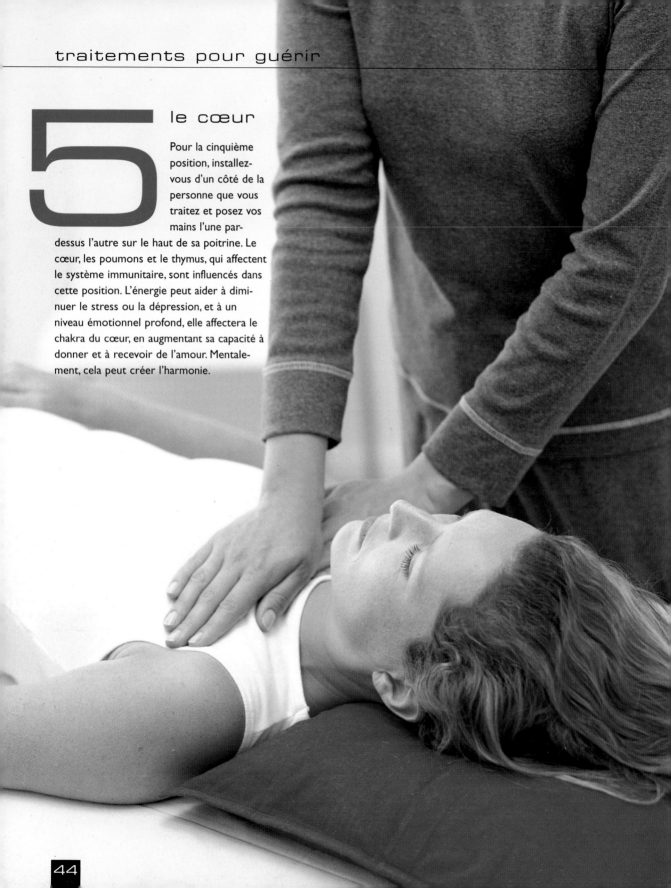

autotraitement

Agir sur votre cœur

Placez vos mains sur votre poitrine, de chaque côté du thorax, comme dans l'illustration de droite. Vous agirez ainsi sur les mêmes régions et maladies mentionnées dans la page de gauche. La région du cœur est l'une des plus sensibles du corps, et pour ne pas risquer d'être blessées, de nombreuses personnes érigent des barrières autour du chakra du cœur (voir pages 24-25). Graduellement, l'énergie reiki peut faire tomber ces barrières. Au début du processus, il se peut que vous ressentiez des picotements ou des secousses légères, ou encore une augmentation de votre flux sanguin. Le fait de défaire ces blocages vous aidera vraiment à mieux comprendre vos émotions.

Agir sur la région du cœur

Vous pouvez aussi poser vos mains l'une sur l'autre au milieu de la poitrine (en bas). En agissant sur cette région, vous serez plus disposé à prendre le risque de devenir vulnérable en donnant de l'amour à quelqu'un.

6 la cage thoracique

Pour la sixième position, descendez vos mains sur les côtés du corps et placez-les l'une en face de l'autre, sur la cage thoracique de la personne traitée, en couvrant le plexus solaire, juste au-dessous de la poitrine. L'énergie reiki circulant dans cette région agira sur l'estomac, la rate, le foie, la vésicule biliaire et la digestion. Elle peut réduire les problèmes d'estomac et aider à évacuer les toxines du corps contenues dans la rate et le foie. Émotionnellement, elle peut dissiper toutes les peurs cachées et aider la relaxation; mentalement, elle peut aider à « centrer » ou rééquilibrer les états mental et physique de la personne traitée.

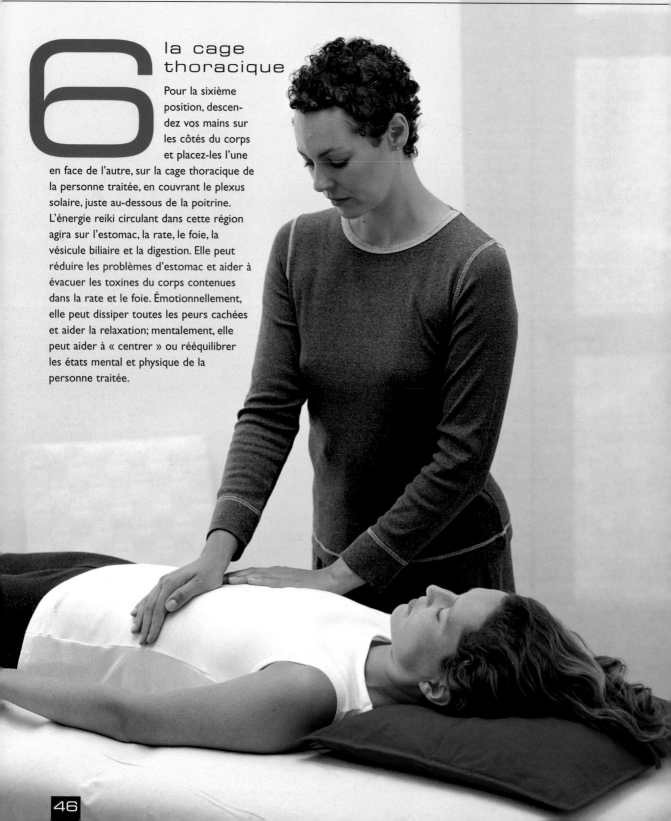

autotraitement

Agir sur votre cage thoracique

Lentement, descendez vos mains à partir de la poitrine pour les poser de chaque côté de votre cage thoracique, au-dessus du plexus solaire, en veillant à ce que vos doigts se rencontrent au milieu. L'apport d'énergie en cet endroit agira sur les mêmes régions et maladies mentionnées à la page 46. Cela aidera aussi à rééquilibrer le chakra du plexus solaire (voir pages 24-25), qui est considéré comme le centre du pouvoir dans notre corps. Lorsque vous êtes blessé émotionnellement, vous vous sentez comme si on vous avait assené un coup de poing dans l'estomac. Il se peut alors que vous vous sentiez sans défense et hésitant, sans protection et dépourvu de confiance en vous. En harmonisant cette région, vous vous sentirez plus en sécurité et sûr de vous, et vous avancerez plus aisément, de manière à pouvoir progresser dans la vie.

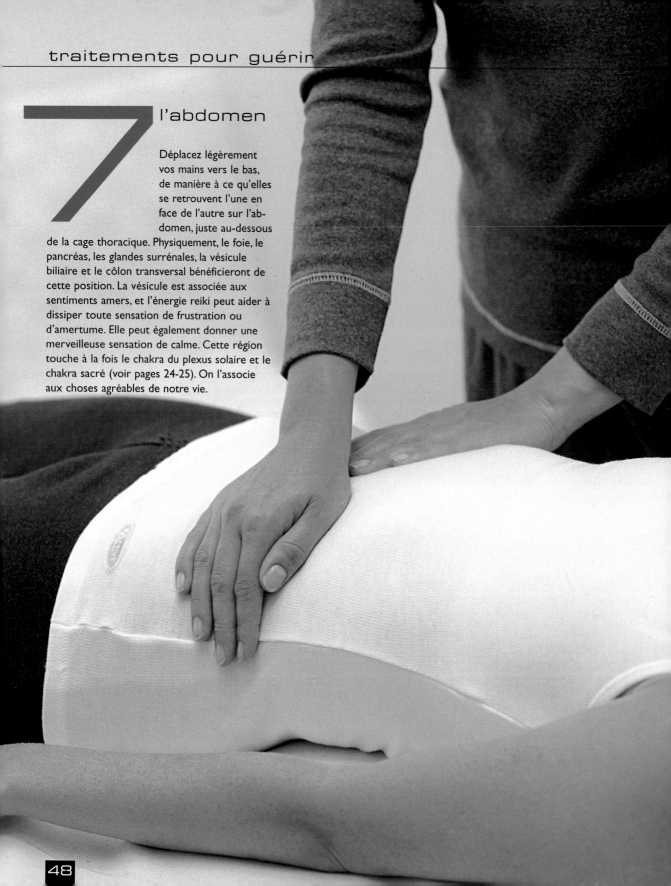

7 l'abdomen

Déplacez légèrement vos mains vers le bas, de manière à ce qu'elles se retrouvent l'une en face de l'autre sur l'abdomen, juste au-dessous de la cage thoracique. Physiquement, le foie, le pancréas, les glandes surrénales, la vésicule biliaire et le côlon transversal bénéficieront de cette position. La vésicule est associée aux sentiments amers, et l'énergie reiki peut aider à dissiper toute sensation de frustration ou d'amertume. Elle peut également donner une merveilleuse sensation de calme. Cette région touche à la fois le chakra du plexus solaire et le chakra sacré (voir pages 24-25). On l'associe aux choses agréables de notre vie.

autotraitement

Agir sur votre abdomen

Descendez vos mains légèrement de sorte qu'elles reposent
de chaque côté de votre abdomen. Pensez toujours à garder
les doigts et le pouce ensemble.
Cette position agit sur les
mêmes régions et maladies
mentionnées à la page 48.
Émotionnellement, l'énergie
peut dissiper tout sentiment
négatif emmagasiné en vous
aidant à réaliser que vous
contrôlez votre propre vie.
Il y a des expériences qui vous
permettent d'avancer: en puri-
fiant cette région, vous faites de
la place pour la joie et le bonheur dans votre vie. L'énergie
reiki aide également à trouver
l'équilibre physique, mental et
émotionnel, tout en créant
l'harmonie dans chaque partie
de votre corps.

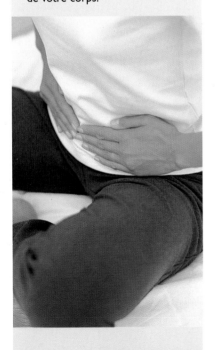

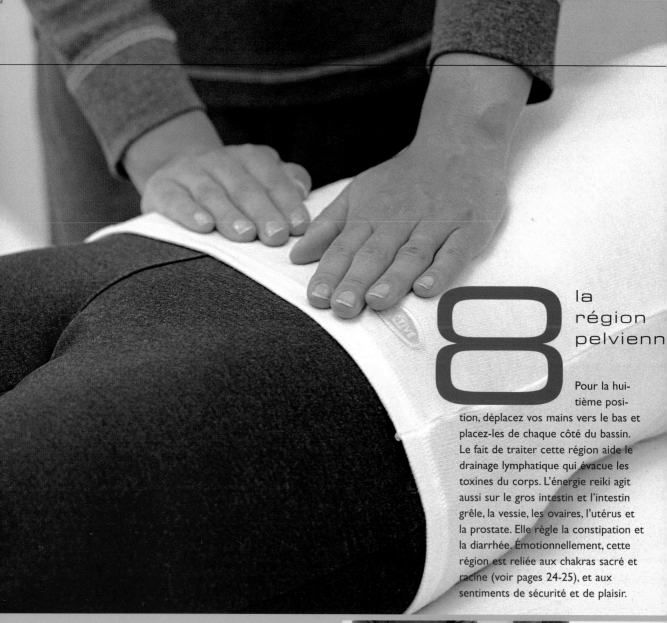

8 la région pelvienn

Pour la huitième position, déplacez vos mains vers le bas et placez-les de chaque côté du bassin. Le fait de traiter cette région aide le drainage lymphatique qui évacue les toxines du corps. L'énergie reiki agit aussi sur le gros intestin et l'intestin grêle, la vessie, les ovaires, l'utérus et la prostate. Elle règle la constipation et la diarrhée. Émotionnellement, cette région est reliée aux chakras sacré et racine (voir pages 24-25), et aux sentiments de sécurité et de plaisir.

soin des genoux

Il est bon de poser une main sur chaque genou pendant quelques minutes. Beaucoup de colère et d'anciennes émotions peuvent être concentrées dans cette région, et le fait d'y insuffler de l'énergie peut apporter un réel soulagement. Si nécessaire, gardez la position un peu plus longtemps.

soin des pieds

Déplacez l'énergie des genoux jusqu'aux pieds et tenez les deux chevilles pendant quelques minutes en travaillant en direction des orteils. Cela aide à déplacer l'énergie vers le bas du corps de la personne avant que vous lui demandiez de se retourner, de manière à pouvoir traiter son dos et ses épaules.

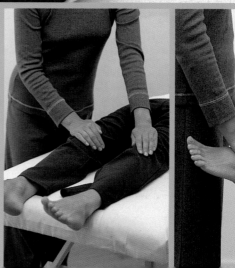

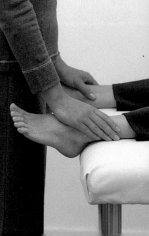

autotraitement

Agir sur votre région pelvienne

Déplacez vos mains jusqu'à votre bassin et posez-les de chaque côté de l'aine. Les régions ou maladies mentionnées à la page 50 seront touchées. Comme il s'agit du centre de la créativité, vous vous débarrasserez des idées dépassées et des perceptions désuètes, pour les remplacer par des sentiments qui vous aideront à vous exprimer. C'est là que se manifestent le plaisir sexuel, la frustration ou la culpabilité, tout comme le ressentiment envers un partenaire. Inutile de traiter vos genoux séparément, car lorsque vous vous traitez vous-même, l'énergie reiki circule rapidement vers le bas du corps. Toutefois, si vous avez des problèmes de genoux, vous pouvez les soigner pendant quelques minutes.

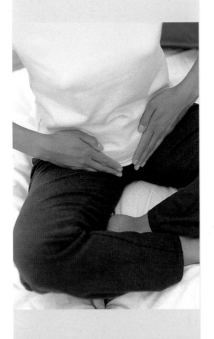

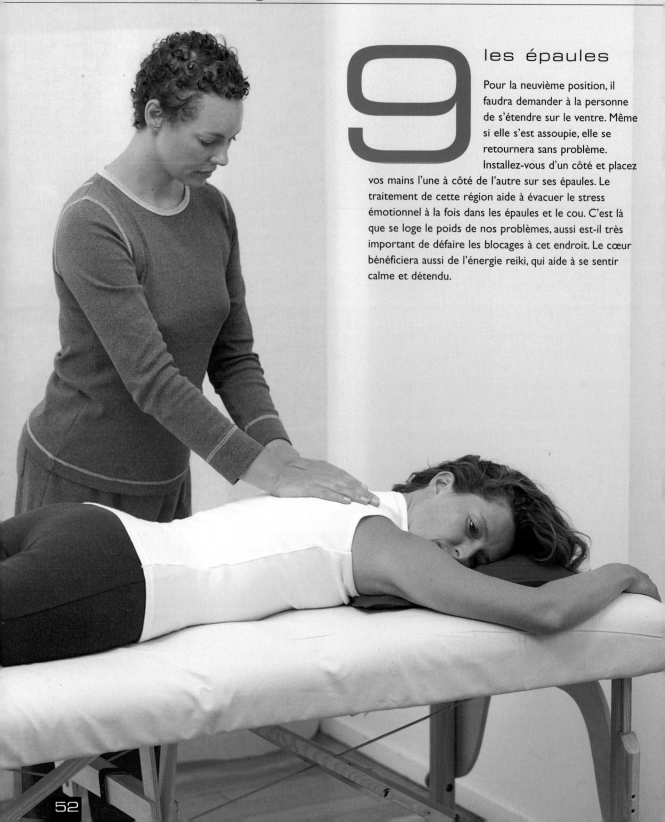

9 les épaules

Pour la neuvième position, il faudra demander à la personne de s'étendre sur le ventre. Même si elle s'est assoupie, elle se retournera sans problème. Installez-vous d'un côté et placez vos mains l'une à côté de l'autre sur ses épaules. Le traitement de cette région aide à évacuer le stress émotionnel à la fois dans les épaules et le cou. C'est là que se loge le poids de nos problèmes, aussi est-il très important de défaire les blocages à cet endroit. Le cœur bénéficiera aussi de l'énergie reiki, qui aide à se sentir calme et détendu.

autotraitement

Soigner vos épaules

C'est dans cette position que vous commencez à traiter l'arrière de votre corps. Sans que vos mains quittent votre corps, mettez-les sur vos épaules, de chaque côté de votre tête (à droite). Cette position agit sur les régions et maladies mentionnées à la page 52. En cas de stress, placez vos mains sur vos épaules, prenez de longues et profondes inspirations, et détendez-vous. Vous devriez sentir se dissiper la tension à mesure que l'énergie circule dans cette région. Cette position est excellente lorsque vous prenez une pause au cours d'un travail de concentration devant un ordinateur ou après être resté dans la même position pendant longtemps.

Soigner votre cou et vos épaules

Vous pouvez essayer cette autre position (en bas) pour traiter les mêmes régions et maladies mentionnées ci-dessus. Plutôt que de placer vos mains sur vos épaules, mettez-les de chaque côté de votre cou, pour vous aider à évacuer les tensions dans le haut de votre colonne vertébrale et vos épaules.

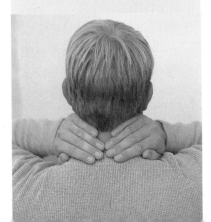

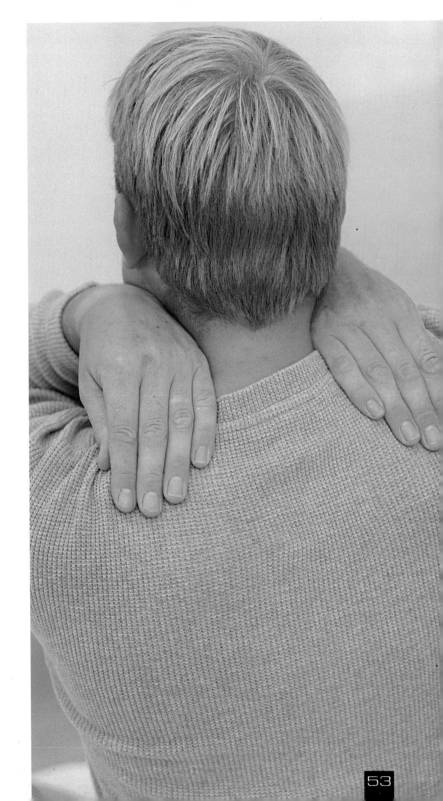

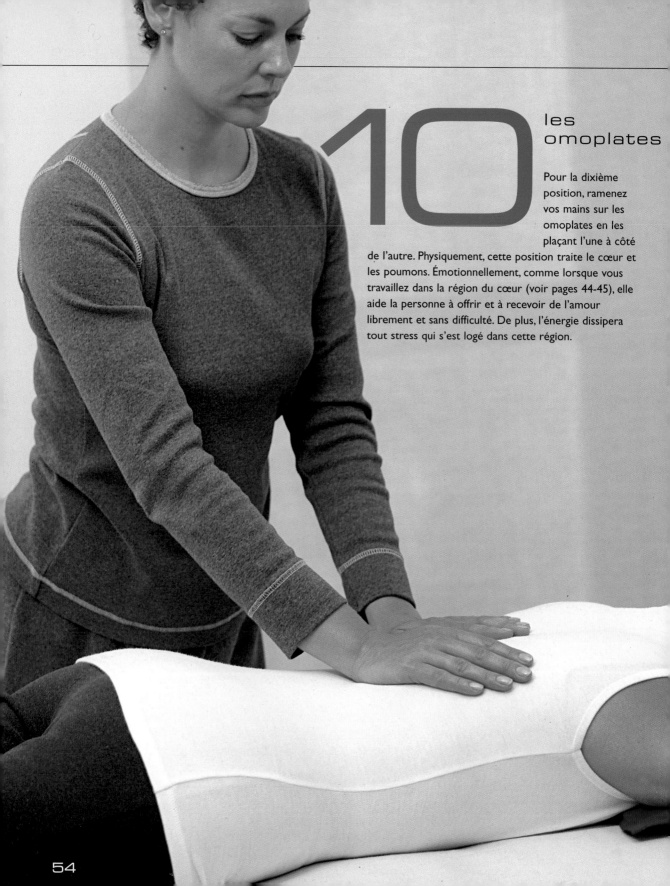

10 les omoplates

Pour la dixième position, ramenez vos mains sur les omoplates en les plaçant l'une à côté de l'autre. Physiquement, cette position traite le cœur et les poumons. Émotionnellement, comme lorsque vous travaillez dans la région du cœur (voir pages 44-45), elle aide la personne à offrir et à recevoir de l'amour librement et sans difficulté. De plus, l'énergie dissipera tout stress qui s'est logé dans cette région.

autotraitement

Soigner vos omoplates (par-derrière)

Pour traiter vos omoplates, vous devrez procéder en deux étapes. D'abord, mettez votre main gauche sur votre épaule droite, alors que vous glissez votre main droite – la paume vers l'extérieur – derrière vous de manière à ce qu'elle touche le milieu de votre dos (à droite), et tenez cette position pendant deux minutes et demie. Pour accroître l'énergie, vous pouvez retourner votre paume vers l'intérieur pour qu'elle touche votre dos, mais ce mouvement requiert beaucoup d'agilité. Inversez ensuite la position en plaçant votre main droite sur votre épaule gauche et votre main gauche au milieu de votre dos, la paume vers l'extérieur (à l'extrême droite) et tenez deux minutes et demie. Cette position agit sur les mêmes régions ou maladies mentionnées à la page 54.

Soigner la région de vos épaules (par-devant)

Si vous souffrez d'une blessure ou si vous avez simplement de la difficulté à atteindre votre dos, vous pouvez exécuter cette position par-devant sans affecter le flux d'énergie. D'abord, mettez votre main gauche sur votre épaule droite; placez votre main droite autour de votre taille (à droite ci-contre) et tenez pendant deux minutes et demie. Inversez ensuite vos mains (à l'extrême droite), et gardez la position deux minutes et demie.

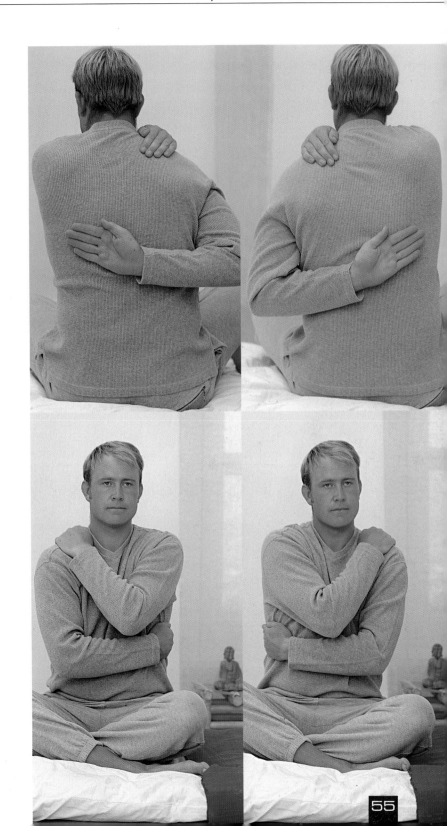

11 le bas du dos

Pour la onzième position, ramenez vos mains vers le bas du dos en les plaçant l'une devant l'autre près de la taille de la personne traitée. Lorsque l'énergie circule dans cette région, elle agit physiquement sur la vésicule biliaire, le pancréas, le côlon transversal, les glandes surrénales, les reins et la région du bas du dos. Émotionnellement, elle peut éliminer l'autocritique et l'anxiété et tracer la voie à des sentiments plus positifs.

autotraitement

Soigner le bas de votre dos

Sans que vos mains quittent votre corps, déplacez-les vers le bas de votre dos, les paumes vers l'intérieur de chaque côté de votre taille (à droite). Cette position agit sur les régions et maladies mentionnées à la page 56. Le bas du dos peut emmagasiner de fortes émotions négatives. En général, lorsque ces émotions se dissipent, la vie devient plus lumineuse, empreinte de paix et positive.

Soigner la région du bas de votre dos

Vous pouvez aussi vous traiter en plaçant vos mains au bas de votre dos, l'une par-dessus l'autre, ce qui intensifie le flux d'énergie (en bas). Cette position agit sur les mêmes régions et maladies mentionnées plus haut. La douleur dans le bas du dos sert souvent d'avertissement pour vous prévenir que quelque chose ne va pas; elle est souvent la manifestation physique d'émotions refoulées ou niées, ou de pensées qui créent de la résistance dans votre corps, alors essayez toujours d'identifier les émotions en question.

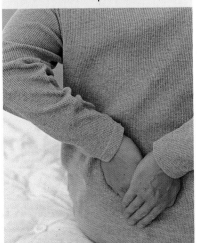

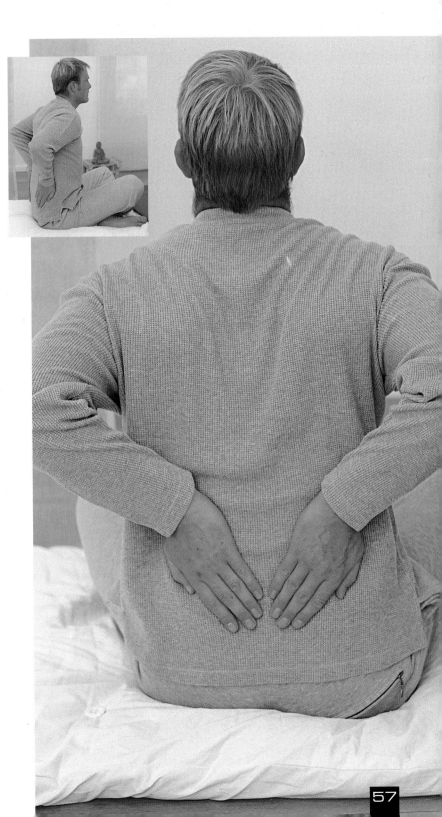

12 le coccyx

Pour finir, posez vos mains l'une près de l'autre au-dessus du coccyx et des fesses. Ici, l'énergie reiki agit sur le gros intestin, l'intestin grêle, la vessie, l'utérus, les ovaires, la prostate et le coccyx, qui est le centre de l'énergie créatrice et de la puissance, et dès que l'énergie reiki commence à déloger les anciennes pensées, de nouvelles idées peuvent émerger, pour que la personne atteigne son plein potentiel.

autotraitement

Soigner votre coccyx

Pour la dernière position, placez vos mains de chaque côté de votre coccyx, sur vos fesses; vous devriez être quasi assis sur vos mains, aussi rapprochées l'une de l'autre que possible, ou même l'une par-dessus l'autre. Cette position agit sur les mêmes régions et maladies mentionnées à la page 58. L'énergie reiki circulera là où le besoin s'en fait sentir, pour encourager des sentiments d'amour enrichissants et vous aider à évoluer dans la bonne direction.

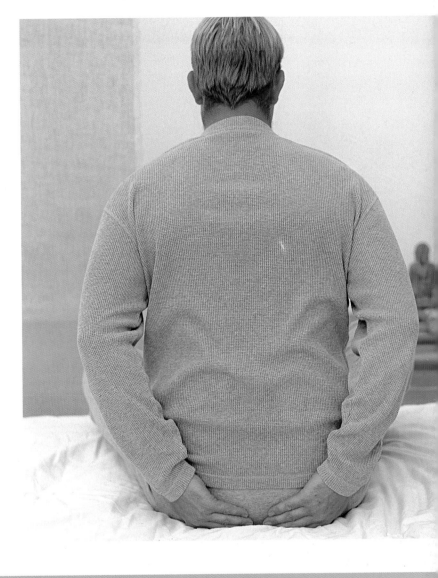

mains qui guérissent: que ressentez-vous?

Au cours du traitement reiki, vos mains peuvent faire l'expérience de diverses sensations indiquant un problème ou une région requérant un plus grand apport d'énergie. Voici un petit guide d'interprétation de ces sensations:

Chaleur Un signe que le besoin d'énergie est grand dans cette région: indique souvent un problème physique.

Fraîcheur Il pourrait y avoir un blocage émotionnel ou spirituel indiquant que le chakra ne fonctionne pas très bien.

Picotements Peuvent indiquer une inflammation dans une région spécifique. S'il ne s'agit pas d'une douleur physique, les picotements peuvent aussi résulter d'une colère refoulée.

Douleur sourde Se produit normalement en présence d'une ancienne blessure physique ou d'une cicatrice qui pourrait requérir une guérison plus complète.

Douleur aiguë Reliée à une trop grande concentration d'énergie dans une région, ce qui cause un déséquilibre. Le traitement fera diminuer l'énergie qui y est emmagasinée.

terminer le traitement

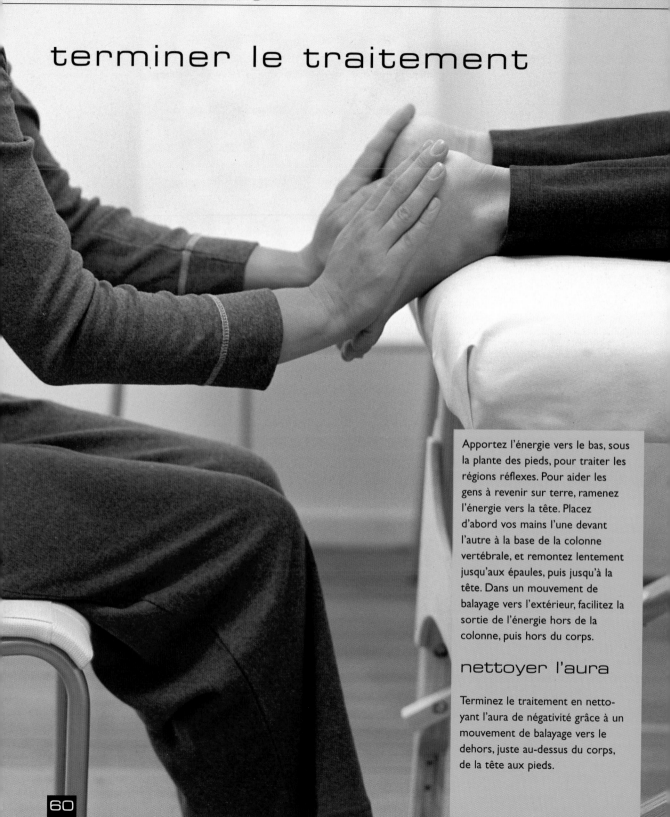

Apportez l'énergie vers le bas, sous la plante des pieds, pour traiter les régions réflexes. Pour aider les gens à revenir sur terre, ramenez l'énergie vers la tête. Placez d'abord vos mains l'une devant l'autre à la base de la colonne vertébrale, et remontez lentement jusqu'aux épaules, puis jusqu'à la tête. Dans un mouvement de balayage vers l'extérieur, facilitez la sortie de l'énergie hors de la colonne, puis hors du corps.

nettoyer l'aura

Terminez le traitement en nettoyant l'aura de négativité grâce à un mouvement de balayage vers le dehors, juste au-dessus du corps, de la tête aux pieds.

nettoyer votre propre aura

À la fin du traitement, tenez vos mains devant votre visage, puis descendez-les le long de votre corps. Visualisez l'énergie négative comme si vous la lanciez par une fenêtre. Pour terminer, descendez vos mains sur les côtés du corps et voyez-vous de nouveau en train de vous débarrasser de l'énergie négative (encadré).

L'énergie reiki est idéale pour vous soulager ou soulager quelqu'un d'autre des douleurs ou de l'inconfort causés par des problèmes mineurs ou courants. Elle se marie très bien aux autres traitements médicaux ou complémentaires.

soulager maux de tête et migraines

Nous souffrons tous, de façon sporadique ou récurrente, de maux de tête ou de migraines qui sont pour le moins irritants, et dans le pire des cas, débilitants. Ils sont souvent dus à la tension, à une mauvaise posture, aux excès, aux allergies, à la fatigue oculaire, aux problèmes de cou et de colonne vertébrale, mais la guérison reiki, appliquée aux régions douloureuses, peut soulager ces douleurs. Il est toutefois recommandé de consulter un médecin en présence de maux de tête chroniques.

Traiter la douleur au sommet de la tête
Pour traiter un mal de tête, demandez à la personne de s'asseoir ou de s'étendre. Debout derrière elle, branchez-vous sur l'énergie comme vous le feriez pour la première position (voir page 36), et placez vos paumes sur le côté de la tête pour couvrir les tempes. Tenez la position pendant 10 à 15 minutes, ou jusqu'à ce que la personne sente la douleur se dissiper. La plupart des migraines exigent de nombreux traitements de tout le corps avant de disparaître totalement, et vous devriez commencer avec 3 à 4 traitements par semaine. Toutefois, pour un soulagement immédiat lors d'une crise, servez-vous de la position illustrée ici, en traitant les oreilles (voir page 65) et la région du plexus solaire (voir pages 46-47), pour aider la personne à se détendre et à retrouver l'équilibre.

Soigner le cou

Si le mal de tête provient du cou ou semble émaner d'un point spécifique de la tête, traitez cette région pendant un court moment en plaçant une main par-dessus l'autre pour intensifier le flux d'énergie, tel qu'illustré ici.

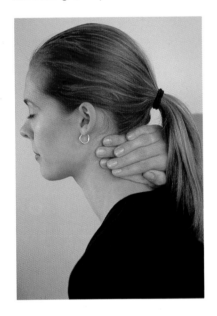

autotraitement

Soigner votre tête

Pour soigner un mal de tête douloureux, assoyez-vous sur une surface confortable. Branchez-vous sur l'énergie avec la première position et essayez de vous détendre en inspirant et en expirant profondément. Placez votre main droite sur votre front et votre main gauche à l'arrière de votre cou, où la tension musculaire s'accumule, environ 10 minutes, ou jusqu'à ce que vous sentiez la douleur s'échapper.

Soigner une région précise

Vous pouvez aussi traiter une région douloureuse en mettant une main par-dessus l'autre pour intensifier l'énergie de guérison. Tel que mentionné à la page 62, les migraines exigeront une série de traitements, mais servez-vous de cette position pour soulager une crise, traitant à la fois vos oreilles et le plexus solaire.

dissiper maux de dents et maux d'oreilles

Les maux de dents et d'oreilles sont dans bien des cas les deux problèmes mineurs les plus désagréables qui puissent survenir chez l'humain. La douleur causée par l'un ou l'autre peut être insoutenable et il est impératif de vous faire traiter rapidement par un médecin ou un dentiste, mais une séance de reiki peut procurer un soulagement rapide de la douleur.

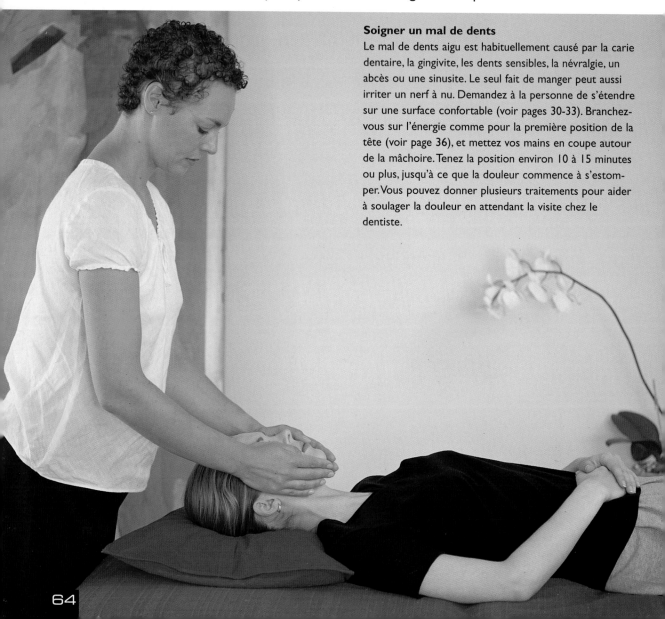

Soigner un mal de dents

Le mal de dents aigu est habituellement causé par la carie dentaire, la gingivite, les dents sensibles, la névralgie, un abcès ou une sinusite. Le seul fait de manger peut aussi irriter un nerf à nu. Demandez à la personne de s'étendre sur une surface confortable (voir pages 30-33). Branchez-vous sur l'énergie comme pour la première position de la tête (voir page 36), et mettez vos mains en coupe autour de la mâchoire. Tenez la position environ 10 à 15 minutes ou plus, jusqu'à ce que la douleur commence à s'estomper. Vous pouvez donner plusieurs traitements pour aider à soulager la douleur en attendant la visite chez le dentiste.

autotraitement

Calmer le mal d'oreille

Pour soulager une infection aiguë de l'oreille, branchez-vous sur l'énergie de guérison comme pour la première position de la tête, et placez vos mains, l'une par-dessus l'autre, sur l'oreille infectée. Tenez la position 10 à 15 minutes, ou jusqu'à ce que vous sentiez la douleur s'estomper.

Calmer un mal de dents

Pour soulager un mal de dents, couchez-vous sur une surface rembourrée et déposez votre mâchoire sur vos mains que vous placerez l'une par-dessus l'autre pour augmenter l'intensité de l'énergie. Tenez cette position 10 à 15 minutes, ou aussi longtemps que nécessaire. Il se peut que vos mains deviennent chaudes, voire très chaudes, c'est un signe que l'énergie circule dans la région infectée. Continuez à traiter cette région jusqu'à ce que vous sentiez que la douleur se dissipe. Recommencez tous les deux jours, en attendant votre rendez-vous chez le dentiste.

Soigner le mal d'oreilles

L'oreille externe, moyenne et interne peut souffrir d'inflammation ou d'infection causée par un virus ou une bactérie. La baignade dans un lac pollué, un mauvais rhume ou la grippe peuvent causer l'infection tant chez les adultes que chez les enfants. Pour soigner un mal d'oreille aigu, branchez-vous sur l'énergie comme pour la première position de la tête (voir page 36), et placez vos mains, paumes à plat, l'une par-dessus l'autre, au-dessus du tympan affecté, pendant environ 10 à 15 minutes, ou jusqu'à ce que la douleur se soit dissipée.

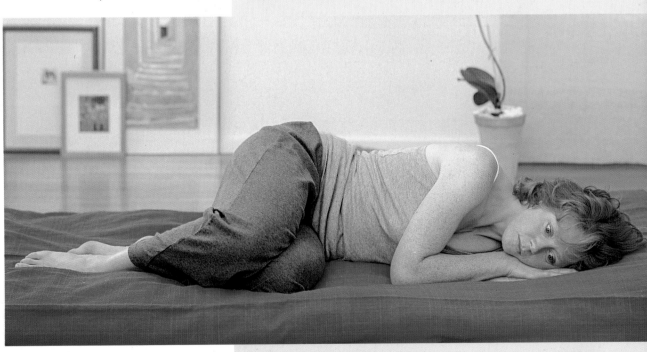

calmer les maux de dos

La plupart des maux de dos sont musculaires, et la série de traitements qui suit peut soulager l'inconfort. Toutefois, en cas de blessure à la colonne vertébrale, ou dans le doute, abstenez-vous. Beaucoup de pensées négatives sur soi-même sont emmagasinées dans le dos, et l'énergie de guérison reiki peut atténuer ces pensées en douceur et soulager la douleur.

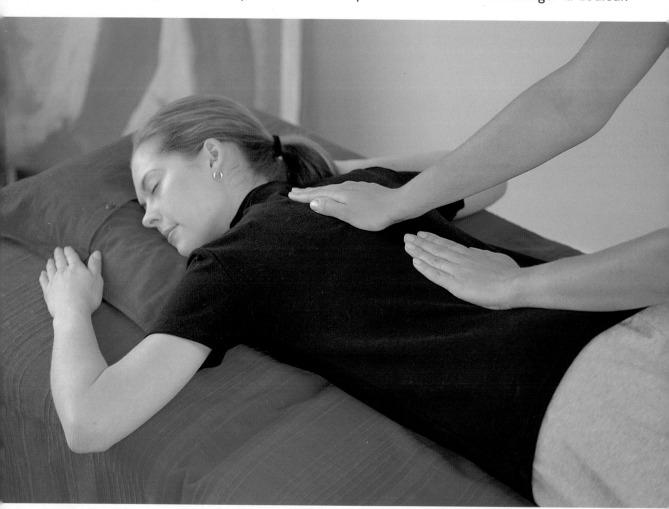

1 Demandez à la personne de s'étendre sur le ventre sur une surface confortable ou une table de massage. Branchez-vous sur l'énergie comme vous le feriez pour la première position de la tête (voir page 36). Placez ensuite vos mains au haut de la colonne, l'une derrière l'autre, les doigts vers le haut. Gardez cette position 2 minutes, puis déplacez une main à la fois vers le bas de la colonne, gardant chaque position environ 2 minutes. Cela détendra la colonne en lui permettant de se redresser et de libérer le flux d'énergie de guérison au cours du processus.

2 Placez vos mains l'une par-dessus l'autre au bas de la colonne, tel qu'illustré, et gardez la position environ deux minutes, pour permettre à l'énergie à la base de la colonne de se diriger vers le haut. Cette position aidera à relâcher les tensions musculaires trop longtemps retenues, et à donner un peu d'énergie d'ancrage pour équilibrer les effets de tout relâchement d'émotions fortes emmagasinées dans cette région.

Ces traitements sont recommandés seulement pour les personnes éprouvant des problèmes mineurs de dos. En cas de maux de dos plus graves, un médecin, ostéopathe ou chiropraticien devrait d'abord être consulté.

3 Placez vos mains sur le sacrum (le gros os plat dans le bas du dos) tel qu'illustré et gardez la position environ deux minutes pour permettre à l'énergie de guérison de circuler. Cette position est excellente pour la douleur dans le bas du dos, les problèmes du nerf sciatique et les douleurs aux jambes. Pour terminer et équilibrer l'énergie dans le dos, mettez votre main droite entre les omoplates de la personne, puis votre main gauche sur le bas de son dos en gardant le contact avec son corps d'une main alors que l'autre se déplace. Cela permettra à l'énergie reiki de circuler en douceur et sans interruption. Gardez cette position pour calmer les muscles et augmenter le flux d'énergie dans la colonne.

autotraitement

Soigner votre dos

Étendez-vous sur une surface confortable, les genoux légèrement relevés. Placez votre main gauche sur votre ventre et la droite juste au-dessous, sur le bassin. Inspirez et expirez lentement et profondément, pour vous permettre d'entrer en contact avec votre dos pendant au moins 5 minutes. Le plancher servira de support à votre dos, et à mesure que l'énergie reiki agira, des redressements mineurs se produiront naturellement. Ce traitement est très relaxant pour soulager la tension musculaire et la fatigue physique excessive. Préparez-vous à sentir de vives émotions se relâcher, alors que les cellules du corps expulsent des souvenirs douloureux emmagasinés en cet endroit.

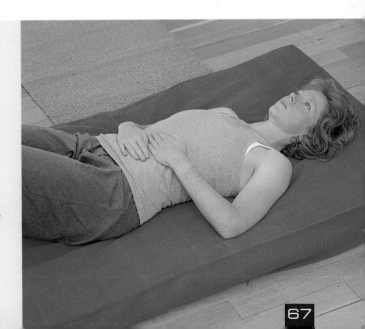

aider les problèmes de respiration

Rhumes, grippe et infections poitrinaires mineures sont fréquents durant les mois d'hiver. Ils peuvent entraîner la congestion des poumons et des difficultés à respirer, lesquels peuvent être soulagés par des traitements reiki.

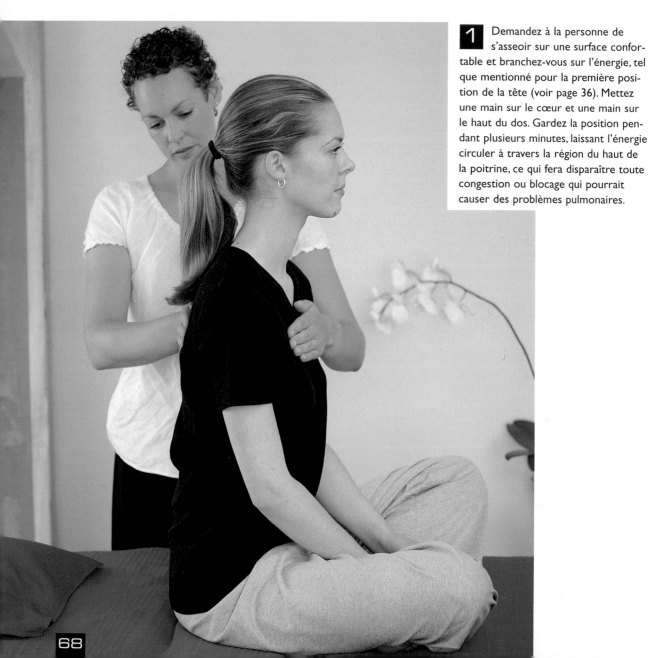

1 Demandez à la personne de s'asseoir sur une surface confortable et branchez-vous sur l'énergie, tel que mentionné pour la première position de la tête (voir page 36). Mettez une main sur le cœur et une main sur le haut du dos. Gardez la position pendant plusieurs minutes, laissant l'énergie circuler à travers la région du haut de la poitrine, ce qui fera disparaître toute congestion ou blocage qui pourrait causer des problèmes pulmonaires.

2 Posez vos mains l'une à côté de l'autre au haut de la poitrine pendant quelques minutes. Glissez-les ensuite vers le bas, l'espace de la largeur d'une main, et répétez. Sentez l'énergie qui circule dans les poumons pour les rééquilibrer en libérant les voies respiratoires. La respiration de la personne pourrait s'accélérer ou ralentir légèrement: c'est un signe que l'énergie commence à faire effet. Continuez jusqu'à ce que vous ayez traité toute la région de la poitrine.

3 Soignez maintenant le haut du dos. Gardez la position quelques minutes, puis descendez l'espace de la largeur d'une main, jusqu'à ce que vous ayez traité toute la région du dos. Traitez les côtés de la même manière, pour stimuler tout le système pulmonaire. Vous y arriverez plus facilement si la personne est étendue sur le côté.

autotraitement

1 Pour vous soigner vous-même, branchez-vous sur l'énergie tel que décrit pour la première position de la tête, et essayez de vous détendre. Vous pouvez ensuite placer vos mains, paumes à plat, soit de chaque côté de la région du cœur, ou pointant vers votre gorge, ce qui peut se révéler plus confortable. Gardez la position plusieurs minutes, pour laisser l'énergie agir sur vos poumons engorgés ou sur votre poitrine.

2 Déplacez ensuite vos mains l'espace de la largeur d'une main, vers le bas de votre poitrine, en les plaçant de chaque côté. Gardez la position quelques minutes, ou jusqu'à ce que vous sentiez se dissiper la force de l'énergie. Continuez ainsi jusqu'à ce que vous commenciez à sentir que la pression se relâche. Il peut s'avérer difficile de soigner votre dos, mais pour un plus grand bienfait, vous pouvez placer vos mains sur les côtés de votre corps et répéter les mêmes mouvements descendants.

stimuler le système immunitaire et le système circulatoire

Un stress prolongé peut affecter le système immunitaire et rendre les gens plus fatigués et plus vulnérables aux infections virales, aussi bien qu'aux maladies plus graves. Une circulation sanguine pauvre peut entraver l'efficacité du système lymphatique, causant de la lenteur et une accumulation de toxines. La guérison reiki appliquée directement à toutes ces régions peut grandement améliorer leur fonctionnement.

Soigner le système immunitaire
Demandez à la personne de s'étendre sur une surface rembourrée (voir pages 30-33). Debout à côté d'elle, branchez-vous sur l'énergie, tel que décrit pour la première position de la tête (page 36). Placez une main sur le cœur et l'autre sur l'abdomen, légèrement vers la gauche, au-dessus de la rate. Gardez cette position environ 10 à 15 minutes. Le fait de travailler de façon intensive sur la région du cœur stimule le système immunitaire, alors que le travail sur l'abdomen stimule les fonctions de la rate et aide à combattre l'infection. Au début, il sera très bénéfique, pour le patient, de répéter ce traitement deux ou trois fois par semaine. Une fois que vous aurez noté une amélioration, vous pourrez diminuer la fréquence des traitements.

Soigner le système lymphatique

Pour soigner une mauvaise circulation sanguine, demandez à la personne de s'étendre sur une surface confortable (voir pages 30-33), et commencez par les jambes. Branchez-vous sur l'énergie, tel que décrit pour la première position de la tête à la page 36, et placez votre main gauche au haut de l'intérieur de sa cuisse gauche, et votre main droite sur l'aine. Gardez cette position 10 minutes, pour permettre à l'énergie de pénétrer dans les artères. Inversez ensuite la position en mettant la main droite sur le haut de sa cuisse droite, et la gauche sur l'aine, pendant encore 10 minutes. Vous pouvez également traiter les glandes lymphatiques sous les aisselles en plaçant vos mains côte à côte autour de chaque aisselle. Restez 10 minutes sur la première, puis traitez l'autre aisselle. Cela peut vraiment aider à évacuer les toxines, alors avertissez la personne que vous soignez que son corps évacuera les déchets et se désintoxiquera plus à fond.

autotraitement

Soigner votre système immunitaire

Pour vous soigner, assoyez-vous confortablement sur une surface rembourrée et branchez-vous sur l'énergie, tel que décrit à la page 36. Placez votre main droite, doigts pointant vers le haut, sur la région de la poitrine et du cœur, et votre main gauche sur votre abdomen, légèrement pointée à gauche, pour couvrir la rate (en haut à gauche). Gardez cette position environ 10 à 15 minutes, pour que l'énergie circule à travers votre système immunitaire et votre rate, tel que décrit sur la page opposée, ce qui leur donnera un meilleur rendement.

Soigner votre système lymphatique

Si votre circulation sanguine est mauvaise ou si vous avez des problèmes avec votre système lymphatique, branchez-vous sur l'énergie tel que décrit à la page 36. Placez votre main gauche sur l'intérieur de votre cuisse gauche et votre main droite sur l'aine, et gardez la position 10 minutes. Vous sentirez que l'énergie stimule la circulation de votre sang dans cette région. Placez ensuite votre main droite sur l'intérieur de votre cuisse droite, et la gauche sur l'aine, pendant 10 minutes. Vous pouvez aussi traiter les glandes lymphatiques sous vos aisselles en plaçant vos mains l'une par-dessus l'autre dans cette région. Gardez la position 10 minutes de chaque côté. Attendez-vous à ce que votre corps évacue les toxines pour se débarrasser des déchets accumulés.

réduire le stress

Le stress est un problème moderne qui nous affecte tous, autant au travail qu'à la maison. Certains stress sont essentiels à la stimulation, mais notre santé peut être gravement affectée par des mécanismes de défense accablés. Le reiki peut aider à calmer le système nerveux et à soulager les glandes surrénales, qui font que l'on peut combattre le stress ou le fuir.

1 Demandez à la personne de s'étendre confortablement sur une surface rembourrée (voir pages 30-33). Debout à côté d'elle, branchez-vous sur l'énergie, tel que décrit pour la première position de la tête à la page 36. Placez une main sur le haut de sa poitrine, et l'autre au haut de l'abdomen, pour couvrir le chakra du plexus solaire. Gardez la position de 10 à 15 minutes, de sorte que les bienfaits de la guérison soient ressentis dans ces régions. Cela calmera la région du plexus solaire, qui retient une grande quantité de tensions, tout en soulageant un cœur lourd.

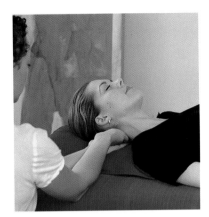

2 Assoyez-vous de l'autre côté de
la personne encore étendue, et
mettez vos mains l'une par-dessus
l'autre, à l'arrière de sa tête. Gardez
cette position environ 10 à 15 minutes,
ou aussi longtemps que vous le jugez
nécessaire. Cette position ressemble à
celle illustrée à la page 40, et elle permet d'évacuer les tensions accumulées
à cet endroit. Elle réduira également le
stress et produira une sensation de
détente.

autotraitement

1 Si vous vous sentez stressé,
assoyez-vous sur une surface
rembourrée et branchez-vous sur
l'énergie tel que décrit à la page 36.
Calmez-vous en inspirant et en expirant profondément pendant quelques
minutes. Placez une main sur votre
poitrine, au-dessus du cœur, et l'autre
sur le haut de votre abdomen, au-
dessus du chakra du plexus solaire.
Gardez cette position environ 10 à
15 minutes, et sentez comment les
tensions se dissipent. Vous vous
sentirez revitalisé et vous serez plus
apte à faire face à la vie.

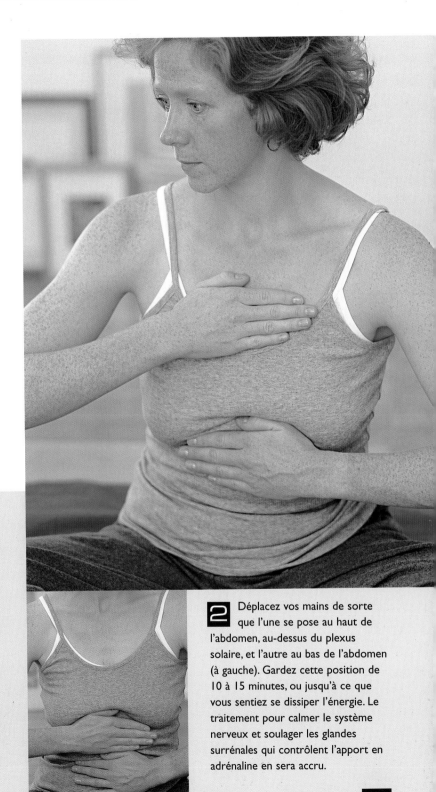

2 Déplacez vos mains de sorte
que l'une se pose au haut de
l'abdomen, au-dessus du plexus
solaire, et l'autre au bas de l'abdomen
(à gauche). Gardez cette position de
10 à 15 minutes, ou jusqu'à ce que
vous sentiez se dissiper l'énergie. Le
traitement pour calmer le système
nerveux et soulager les glandes
surrénales qui contrôlent l'apport en
adrénaline en sera accru.

histoires vécues

NOM: Eleanor

RAISON DE LA
CONSULTATION:
dépression; avait
perdu goût à la
vie

NOMBRE DE
SÉANCES REIKI: 12

Eleanor avait atteint la quarantaine et entrevoyait l'avenir très négativement, quand, à la recommandation d'une amie, elle commença des traitements reiki. Une série de 12 traitements lui permit de se concentrer à nouveau sur sa vie. Pendant chaque traitement, Eleanor sentait de la chaleur et des picotements sous les mains du guérisseur; elle se sentit même aimée de façon inconditionnelle. À la fin de chaque traitement, elle se sentait la tête légère et elle avait soif, des réactions assez fréquentes. Alors que le guérisseur soignait son abdomen, elle fut prise de terribles nausées, qui disparurent dès qu'il retira ses mains. Elle avait un fibrome dans cette région, et les nausées indiquaient des émotions qui avaient besoin d'être relâchées.

Eleanor ressentit une incroyable montée d'émotions, et plusieurs séances durant, elle pleura. Elle ressentit le besoin de pardonner et de se faire pardonner, et commença à dormir profondément. Elle eut des rêves très forts concernant sa vie passée. Il y avait beaucoup de « devoirs » à faire après chaque séance, et elle passa beaucoup de temps à penser à elle-même et à ses relations avec son entourage.

Eleanor est convaincue que le reiki l'a aidée à trouver la vraie femme en elle et que cela a sauvé son mariage, tout en changeant sa manière de se comporter avec les autres. Elle suivit par la suite les cours de Reiki 1 et 2, et aujourd'hui, elle traite d'autres personnes.

Le jour où il reçut son premier traitement reiki, Kenneth se remettait encore du syndrome de la fatigue chronique dont il était affligé depuis six ans. À chaque séance de guérison, il était très conscient des mains du guérisseur, alors qu'elles se déplaçaient sur son corps. Il ressentait lui aussi de la chaleur et des picotements, en plus d'une étrange sensation de flottement. Physiquement, il sentait les fonctions de son corps se ralentir, mais mentalement, il avait les idées plus claires. Émotionnellement, il devint plus conscient de lui-même; il était soulagé et reconnaissant de voir une telle amélioration physique et mentale. Les traitements reiki lui permirent de venir à bout de sa maladie et des limites qu'elle lui imposait.

Kenneth nota des bienfaits physiques et émotionnels immédiatement après son premier traitement reiki, ces bienfaits s'accroissant progressivement à chaque séance. Il sent qu'il est sur la voie de la guérison et il continue à recevoir des traitements reiki, accompagnés de massages en aromathérapie. Il sent aussi, pour la première fois depuis fort longtemps, que sa souffrance tire à sa fin.

NOM: Kenneth

RAISON DE LA CONSULTATION: se rétablir du syndrome de la fatigue chronique, ou encéphalo-myélite chronique

NOMBRE DE SÉANCES: plusieurs

NOM: James

RAISON DE LA CONSULTATION: douleur lancinante causée par des problèmes à la colonne vertébrale

NOMBRE DE SÉANCES: minimum de 6 traitements

James avait atteint la mi-soixantaine lorsqu'il dut subir une intervention chirurgicale à la colonne pour résoudre un problème de longue date, mais l'opération ne fut pas un succès et il se retrouva confiné à une chaise roulante pendant deux ans. Il s'adonna alors à la technique Bowen (une forme de gymnastique), qui l'aida à marcher de nouveau, mais il souffrait beaucoup. Lors de son premier traitement reiki, il ressentit une forte sensation de picotements à la base de la colonne vertébrale. Cette sensation était particulièrement aiguë lorsque le guérisseur travaillait au niveau des épaules, car l'énergie circulait directement dans la moelle épinière.

Après son premier traitement, pour la première fois en six ans, la douleur physique diminua. Naturellement, James fut transporté de joie en s'apercevant que le reiki pouvait donner de tels résultats aussi rapidement.

Avec quelques traitements de plus, il s'aperçut que les effets de l'énergie étaient cumulatifs, et se rendit rapidement compte qu'il était capable de monter un escalier, un exploit qu'il n'avait plus accompli depuis des années. Le reiki lui a permis d'améliorer considérablement la condition de sa colonne vertébrale et de marcher comme avant.

Toute sa vie, Lenny, un septuagénaire, avait souffert de migraines et d'asthme. Il décida d'essayer le reiki parce qu'un membre de sa famille lui avait vanté les bienfaits de ce genre de traitements. Bien que sceptique, il se détendit rapidement, au point de tomber endormi presque à chaque séance. Il ressentait souvent une grande chaleur émanant des mains du guérisseur, et il avait une sensation de picotements dans les orteils, alors que l'énergie se frayait un chemin dans tout son corps. Après quelques traitements, il réalisa qu'il ne souffrait plus de migraines et qu'il n'avait plus besoin de se servir de son inhalateur. Lenny devint aussi plus tolérant, ne jugeant plus son entourage comme avant. Aujourd'hui, il est plus près des gens, plus ouvert, capable d'exprimer ses sentiments et ses émotions librement.

NOM: Lenny

RAISON DE LA CONSULTATION: migraines et asthme

NOMBRE DE SÉANCES: 6

John avait souffert d'hypertension pendant des années et prenait des médicaments très forts pour contrôler cette situation. Il décida d'essayer le reiki pour tenter d'améliorer sa santé, et il ressentit beaucoup de chaleur émanant des mains du guérisseur lors des traitements. Il se sentit aussi plus détendu qu'il ne l'avait jamais été. Après à peine deux séances de reiki, il se présenta à un rendez-vous chez son spécialiste pour un bilan de santé, et le médecin s'étonna de constater que pour la première fois depuis de nombreuses années, sa tension artérielle était en train de se stabiliser. Son état continua à s'améliorer après chaque séance. John en est même arrivé à se passer complètement de médication. Il a également suivi les cours de Reiki 1 et 2, de manière à pouvoir se traiter lui-même en tout temps.

NOM: John

RAISON DU TRAITEMENT: hypertension

NOMBRE DE SÉANCES REIKI: toujours en traitement pour contrôler sa tension artérielle

reiki pour bébés et enfants

Le reiki est une merveilleuse manière de renforcer les liens avec un nouveau-né et d'intensifier la relation qu'il aura avec ses parents. Il aidera aussi à réduire les traumatismes associés à l'accouchement. L'énergie de guérison soulagera les pleurs des bébés, et pourra réduire les symptômes d'inconfort dus aux coliques ou à l'inflammation des gencives lors de la pousse des dents. Vous pouvez traiter le bébé alors que vous le bercez après l'allaitement, ou quand il dort. Comme les bébés sont tout petits, quelques-unes seulement des principales positions (voir pages 36-59), ou adaptations, seront nécessaires, et à peine 5 minutes suffiront au traitement. Le seul fait d'établir le contact avec le corps du bébé en le prenant dans vos bras permettra à l'énergie de guérison d'y circuler.

Les femmes enceintes retireront de grands bienfaits du reiki, car il les débarrassera des nausées du matin, et de la fatigue dans le bas du dos. Le fœtus peut aussi apprécier l'énergie et souvent même réagir en donnant des coups de pied au moment où la mère reçoit un traitement reiki. Un traitement quotidien ou hebdomadaire concentré sur l'abdomen, le cœur, le plexus solaire et les tempes aidera la future maman à s'adapter à tous les changements physiques qui s'opèrent en elle.

soigner les enfants

En général, les enfants aiment le reiki et réagissent rapidement au traitement. Ils apprennent vite à demander un traitement de guérison en indiquant où ils ont mal, que ce soit à l'estomac ou à la tête (voir pages 62-63), ou encore s'ils se sont coupés ou éraflés en jouant. Il suffit de les asseoir sur vos genoux et de les soigner en leur lisant une histoire.

Comme les enfants sont beaucoup plus petits, il n'est pas nécessaire de les traiter pendant une heure: 20 à 30 minutes suffiront. Ils peuvent avoir très chaud durant le traitement, alors à vous de juger quand vous arrêter, tout dépendant de la réaction de l'enfant à l'énergie. La plupart des enfants n'éprouvent pas encore les complications émotionnelles de l'âge adulte, aussi l'énergie circule-t-elle beaucoup plus rapidement à travers eux.

Le reiki peut aider les enfants qui ont besoin d'être rassurés après un cauchemar. Placez une main sur le front et l'autre sur l'abdomen de l'enfant, au-dessus de son plexus solaire (voir page 46); gardez la position 5 minutes, ou jusqu'à ce que vous le sentiez plus détendu.

reiki pour les bébés ou les jeunes enfants agités

Il peut s'avérer difficile d'obtenir d'un bébé ou d'un enfant en bas âge de rester tranquille pour lui donner un traitement complet d'une heure, car la plupart des tout-petits commenceront à s'agiter après quelques minutes. Vous pouvez soigner un bébé en le couchant sur une surface rembourrée (voir pages 30-33), mais s'il ne veut pas rester étendu, laissez-le s'asseoir et vous parler pendant le traitement. Si votre enfant est très agité, traitez-le pendant son sommeil. Assoyez-vous près du berceau, et faites de votre mieux, tout en gardant à l'esprit que l'énergie reiki circulera à travers les couvertures et les oreillers. Il arrive que les bienfaits du reiki soient immédiats, et beaucoup de parents sont étonnés de constater comment des problèmes mineurs ont été résolus, et à quel point leur enfant était heureux et détendu, le matin suivant un traitement reiki.

Bien sûr, le reiki donnera de meilleurs résultats si vous soignez votre propre enfant, celui-ci étant déjà détendu et à l'aise avec vous, mais si l'on vous demande de traiter d'autres enfants que les vôtres, essayez de les rassurer autant que possible, car ils pourraient s'inquiéter de ce que vous allez leur faire. Il se peut que vous ne réussissiez à prendre que quelques-unes des principales positions, avant que l'enfant ne commence à s'ennuyer et qu'il cherche à vous échapper. En général, les enfants plus âgés peuvent rester tranquilles plus longtemps, et vous réussirez à leur donner un traitement complet (voir

Le seul fait de prendre votre bébé dans vos bras, surtout en lui tenant la tête, est très bon pour lui. Il bénéficiera ainsi de l'énergie reiki qui circule dans vos mains posées sur lui. Quelques-unes des positions reiki suffiront à lui communiquer une grande quantité d'énergie de guérison.

pages 36-61). Mais gardez à l'esprit que chaque position peut être tenue moins longtemps. Vous vous apercevrez d'ailleurs que l'énergie circule beaucoup plus rapidement que dans les adultes.

recevoir les harmonisations

Les enfants peuvent recevoir les harmonisations reiki à partir de l'âge de 8 ans environ. Vous êtes le meilleur juge de la maturité de votre enfant. Demandez alors à votre maître reiki de lui donner son initiation. Votre enfant devra lui aussi traverser une période de purification de 21 à 30 jours après l'harmonisation, et vous pourrez l'aider s'il ressent des malaises physiques ou émotionnels. Après cela, il pourra participer aux séances familiales, c'est-à-dire qu'il pourra vous soigner, ainsi que les autres membres de la famille.

commencer un traitement

Pour détendre un enfant au début d'une séance reiki, placer une main sur son cœur et l'autre sous sa tête (en bas à gauche). Cela aide aussi à calmer son esprit et ses émotions.

Certains enfants accepteront plus facilement de s'étendre tranquillement: vous pourrez leur prodiguer un traitement complet de plus d'une heure (la septième position est illustrée en bas à droite). Vous pouvez aussi les traiter alors qu'ils sont endormis.

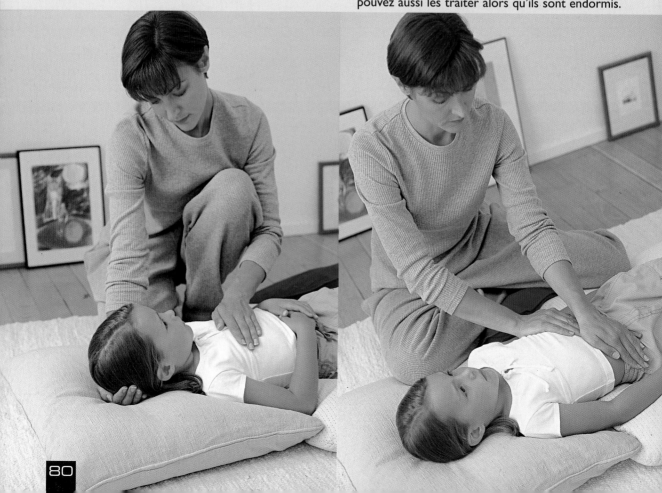

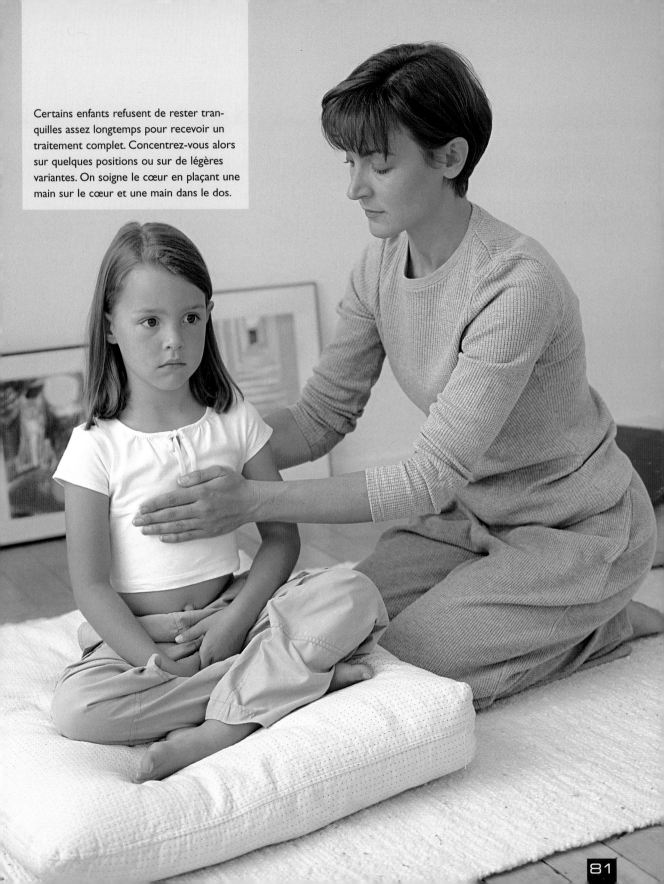

Certains enfants refusent de rester tranquilles assez longtemps pour recevoir un
traitement complet. Concentrez-vous alors
sur quelques positions ou sur de légères
variantes. On soigne le cœur en plaçant une
main sur le cœur et une main dans le dos.

soigner les personnes âgées

Beaucoup de personnes âgées vivent seules, et à moins qu'elles n'aient un animal domestique, nombreuses sont celles qui souffrent d'un manque de chaleur et d'affection. Personne ne les touche jamais, et nous avons tous besoin d'être touchés. Les personnes de cette génération peuvent aussi être plus inhibées et moins portées à choisir des thérapies comme le massage ou l'aromathérapie, qui exigent parfois qu'elles se dévêtissent. Un traitement reiki peut leur être très bénéfique, car il les aidera à relaxer et à dormir mieux et plus longuement. Il les soulagera aussi de la douleur causée par certaines maladies comme l'arthrite et les rhumatismes en leur donnant plus de mobilité et en rééquilibrant les fonctions du corps. En général, un traitement reiki peut être combiné à la plupart des médications; en fait, il peut servir de complément à la prise de médicaments. Le reiki est également recommandé pour les malades en phase terminale, car il peut les aider à trouver paix et sérénité.

adapter le traitement

Idéalement, vous devriez appliquer les 10 positions à une personne âgée confortablement étendue sur une surface moelleuse (voir pages 36-61). Toutefois, si la personne n'est pas très mobile et si elle ne se sent pas assez bien pour s'étendre par terre ou pour grimper sur une table de massage, faites-la asseoir dans un fauteuil. Assurez-vous que vous pouvez vous déplacer sans encombre autour de la personne, de manière à pouvoir soigner ses côtés et son dos, mais si cela est impossible, adaptez les positions des mains de votre mieux.

Certaines personnes âgées préfèrent se faire traiter assises dans un fauteuil, même si cette position n'est pas aussi relaxante. Travaillez sur les principales parties du corps, en portant une attention particulière à toute autre région affectée, comme les articulations raides.

animaux et plantes

Nos animaux domestiques réagissent très bien au reiki et semblent se détendre presque immédiatement. Ils savent d'instinct la quantité d'énergie dont ils ont besoin, et se relèvent d'eux-mêmes dès qu'ils en ont assez reçu. Les personnes qui traitent leur animal sur une base régulière notent qu'elles arrivent à réduire leurs frais de vétérinaire. Certains animaux étant plus petits que les humains, il peut s'avérer impossible de suivre les positions exactes.

soigner les animaux

Commencez là où l'animal aime se faire caresser en plaçant vos mains derrière ses oreilles. Les chats n'apprécient pas cette position, alors essayez une main sur la tête et l'autre sur la gorge. Déplacez vos mains sur les autres parties du corps de la même manière que vous le feriez pour les humains. Restez plus longtemps là où l'animal semble avoir mal. Si l'animal bouge durant une séance, soyez attentif: il se peut qu'il essaie de vous indiquer l'endroit exact où il a besoin de traitement.

soigner les plantes

Les plantes d'intérieur réagissent bien au reiki, et vous pouvez communiquer de l'énergie à votre eau d'arrosage en mettant vos mains autour de votre arrosoir ou autour de la base du pot, pour traiter les racines de la plante. Dès que vous sentez qu'une bonne quantité d'énergie a été absorbée, déplacez vos mains vers le haut, jusqu'au feuillage, et tenez-les tout près pendant quelques minutes. Si la plante ne se développe pas plus, trouvez-lui un nouvel emplacement dans la maison.

le reiki et la thérapie par les couleurs

Le reiki agit bien lorsqu'il est combiné à d'autres thérapies, et plus particulièrement lorsqu'on le jumelle à la thérapie par les couleurs pour créer l'équilibre et l'harmonie du corps. Les couleurs sont reconnues pour leurs fréquences vibratoires, qui agissent en profondeur sur nous et nos émotions. Il arrive même parfois que nous portions certaines couleurs parce que nous sentons instinctivement que notre corps en a besoin. On croit que la maladie est due à un déséquilibre des chakras. Aussi, lorsque le reiki est jumelé à la thérapie par les couleurs, l'énergie dirigée vers les régions qui fonctionnent mal s'intensifie.

Toutes les couleurs vibrent à différentes fréquences. C'est pourquoi nous réagissons différemment à chacune d'elles. On peut aussi réagir à une couleur parce que nous l'associons à un souvenir. Par exemple, si vous portiez un uniforme gris pour aller au collège, il se peut que vous ayez toujours cette couleur en aversion. Notre façon de réagir aux couleurs peut être reliée à nos chakras, et si ceux-ci sont déséquilibrés, nous aurons des réactions émotives tout autant que des maladies physiques. Si, par exemple, une personne souffre d'hypothyroïdie dans la région de la gorge, le bleu (la couleur du chakra de la gorge) servira à harmoniser cette partie du corps. Bien qu'il n'existe pas de règle établie pour combiner les couleurs avec le reiki, les chakras répondent habituellement très bien aux traitements avec la couleur correspondante. N'importe quel tissu ou papier peut faire l'affaire, et la forme ou la grandeur du morceau est sans importance: c'est la couleur qui importe.

Premier chakra –
Le chakra racine
(base de la colonne vertébrale)
Couleur du chakra: rouge, couleur passion; renforce le contact avec la terre et la soif de vivre.
Peut aider: le manque d'énergie ou d'enthousiasme devant la vie.

Lors d'un traitement complet, placez un morceau de papier ou de tissu d'un rouge doux (le rouge vif peut s'avérer trop énergisant) sur le chakra racine, au-dessus de la région pelvienne (voir position 8, pages 50-51). Faites circuler l'énergie reiki à travers le tissu 5 minutes ou plus. Le fait de canaliser le reiki à travers la couleur contribue à intensifier l'énergie en rééquilibrant la région du chakra. Vous pouvez vous contenter de visualiser la couleur correspondant au chakra.

Deuxième chakra –
Le chakra sacré
(région pelvienne)

Couleur du chakra: orange, une couleur plus douce, associée à la joie et au bonheur; donne plus d'énergie sexuelle et stimule le système immunitaire.
Peut aider: les problèmes de reins et de vessie, le manque d'intuition et la dysfonction sexuelle.

Lors d'un traitement complet, placez un morceau de papier ou de tissu de couleur orange sur le chakra sacré, au-dessus du bas de l'abdomen (voir position 7, pages 48-49). Donnez votre traitement par-dessus le papier ou le tissu pendant 5 minutes, ou jusqu'à ce que l'énergie se dissipe. Plutôt que d'utiliser un symbole physique de la couleur, vous pouvez visualiser la couleur correspondant au chakra pendant que vous soignez quelqu'un.

Troisième chakra –
Le plexus solaire
(haut de l'abdomen)

Couleur du chakra: jaune. Une couleur chaude, apaisante; elle aide à avoir les idées claires et stimule l'apprentissage; elle permet de discerner ce qui est bien et juste.
Peut aider: les sautes d'humeur, la dépression, une mauvaise digestion et des problèmes nerveux.

Placez un morceau de papier ou de tissu sur le plexus solaire, au haut de l'abdomen (voir position 6, pages 46-47). Lors d'un traitement reiki, posez vos mains sur le papier ou le tissu pendant 5 minutes ou plus si vous le jugez nécessaire. Vous pouvez aussi visualiser la couleur qui influence le chakra, si vous n'avez rien qui soit de la bonne couleur sous la main.

Quatrième chakra – Le cœur (centre de la poitrine)

Couleurs du chakra: vert ou rose. Permet d'éprouver un amour intense pour les autres; peut soigner la région de la poitrine; le rose aide et encourage des sentiments doux et chaleureux.
Peut aider: les difficultés à exprimer l'amour; le manque de sensibilité ou de contact avec vos proches.

Lors d'un traitement corporel complet, placez un morceau de papier ou de tissu de couleur verte ou rose au-dessus du plexus solaire, au haut de la poitrine (voir position 5, pages 44-45). Exécutez le reiki à travers le papier ou le tissu pendant 5 minutes, ou jusqu'à ce que vous sentiez qu'une quantité suffisante d'énergie y circule. Vous pouvez aussi visualiser une des couleurs du chakra au moment de transmettre l'énergie reiki.

Cinquième chakra – La gorge (centre de la gorge)

Couleur du chakra: turquoise. Aide à dire la vérité; renforce votre côté sensible; aide à faire confiance.
Peut aider: l'incapacité de dire ce que vous ressentez; les difficultés à communiquer avec les autres; le refus des responsabilités; les problèmes de gorge.

Lors d'un traitement corporel complet, placez un morceau de papier ou de tissu turquoise sur le milieu de la gorge (voir position 4, pages 42-43). Faites passer l'énergie reiki à travers le papier ou le tissu pendant 5 minutes, ou aussi longtemps que nécessaire. Si vous préférez, vous pouvez vous contenter de visualiser la couleur circulant dans le chakra.

Sixième chakra – Le troisième œil (milieu du front)

Couleur du chakra: indigo. Une couleur spirituelle qui augmente le sens du respect et les qualités de leadership.

Peut aider: la fatigue, l'irritabilité, les pensées confuses, le stress mental, le rhume des foins et l'insomnie.

Lors d'un traitement corporel complet, mettez un morceau de papier ou de tissu indigo sur le milieu du front (voir position 2, pages 38-39). Faites passer l'énergie reiki à travers le papier ou le tissu pendant 5 minutes, ou jusqu'à ce que l'énergie se résorbe. Vous pouvez également choisir de visualiser la couleur correspondant au chakra au moment de transmettre l'énergie reiki.

Septième chakra – Le crâne (sommet de la tête)

Couleurs du chakra: violet, blanc et or. Permettent l'intégration spirituelle. Le blanc vous met en contact avec la connaissance spirituelle; l'or avec votre moi supérieur.

Peut aider: un manque de spiritualité; un manque de confiance en votre moi supérieur; la colère et la révolte concernant le déroulement de votre vie.

Lors d'un traitement complet, mettez un morceau de papier ou de tissu violet, blanc ou or, aussi près du sommet de la tête que possible (voir position 1, pages 36-37). Transmettre l'énergie à travers le papier ou le tissu pendant 5 minutes, ou le temps que vous jugerez nécessaire. Vous pouvez aussi visualiser une des couleurs du chakra pendant la séance.

le reiki et la guérison par le cristal

Les cristaux, comme les couleurs, possèdent des qualités vibratoires qui peuvent servir à la guérison. On peut exploiter leur pouvoir énergétique pour se débarrasser d'un blocage spécifique au niveau d'un chakra ou de l'aura, et éventuellement, pour prévenir l'apparition d'une maladie. Ils n'ont toutefois pas le pouvoir d'éloigner les émotions négatives qui peuvent mener à la maladie; seul le reiki peut agir sur les émotions. Lorsque les cristaux sont combinés au reiki, la guérison peut être sensiblement accrue et les régions affectées prendront du mieux plus rapidement.

Tous les cristaux ont des qualités qui leur sont propres, et il faut les choisir judicieusement, pour les agencer au chakra correspondant. La couleur vibratoire du cristal est généralement reliée à la couleur associée au chakra. Par exemple, on se servira du quartz rose – la merveilleuse pierre de guérison – sur le chakra du cœur, dont les couleurs sont le rose et le vert. Certaines personnes n'hésitent pas à transmettre l'énergie à travers le cristal placé directement sur le chakra. On ignore toutefois à quel point l'énergie reiki est affectée, voire déformée, par l'énergie du cristal, aussi est-ce plus sûr de travailler d'un côté ou de l'autre de la pierre placée sur la région du chakra, plutôt que directement à travers.

Nettoyage des cristaux

Les cristaux que vous utiliserez lors d'une séance reiki absorberont l'énergie négative des personnes traitées. Aussi est-il recommandé de purifier le cristal avant et après chaque séance. Laissez couler l'eau du robinet sur le cristal pendant environ 5 minutes, puis séchez-le doucement avec une serviette. À la suite d'une séance très chargée émotionnellement, laissez tremper le cristal pendant environ 24 heures. Vous pouvez également le laisser reposer au soleil pendant toute une journée, pour qu'il retrouve son énergie. Ne faites pas tremper le lapis-lazuli qui est très poreux et risquerait de se désagréger. Contentez-vous de rincer la malachite à l'eau froide. Ne faites pas tremper la turquoise: rendez-lui plutôt son énergie en pratiquant le reiki pour la purifier. Ne laissez pas une améthyste ou un quartz rose au soleil, car ils pourraient pâlir.

les cristaux et leurs propriétés

CHAKRA	COULEUR	DÉSÉQUILIBRE	BIENFAITS DU CRISTAL	QUEL CRISTAL CHOISIR
Un – Le chakra racine	Rouge	Absence de plaisir, de vitalité ou de spontanéité	Force, puissance; rend plus stable et optimiste; purifie	Agate géode, œil de tigre, jaspe
Deux – Le chakra sacré	Orange	Insécurité, doutes à propos de soi, confusion	Confiance en soi, courage, solide énergie	Calcite, cornéliane, œil de tigre
Trois – Le chakra du plexus solaire	Jaune	Peur, stress, tension, négativité	Bonheur, stimulation, pensées claires, effet calmant	Citrine, quartz rose, malachite
Quatre – Le chakra du cœur	Vert ou rose	Égoïsme, jalousie, manque de tendresse ou de compassion	Guérison, équilibre, amour inconditionnel, bien-être émotif, loyauté	Quartz rose, aventurine, émeraude
Cinq – Le chakra de la gorge	Turquoise	Nervosité, instabilité, problèmes à exprimer ses sentiments	Paix; sérénité dans l'expression de soi et la communication; libère du stress	Lapis-lazuli, turquoise, aigue-marine
Six – Le chakra du troisième œil	Indigo	Manque d'esprit de décision, blocages, absence d'intuition	Intuition, conscience, changement, objectivité	Améthyste, fluorite, sodalite
Sept – Le chakra du crâne	Violet, blanc et or	Ennui, manque de croissance spirituelle, désespoir	Créativité, édification, conscience spirituelle (violet); pureté, protection, aide la méditation (blanc); sagesse (or)	Quartz transparent, améthyste, quartz laiteux

soigner les chakras avec le reiki et l'énergie des cristaux

Un – Le chakra racine (base de la colonne vertébrale)

PIERRES DE GUÉRISON

Agate géode: Cette pierre peut rehausser notre sens pratique, ramener la joie dans nos vies et stimuler l'estime de soi.

Œil de tigre: Un cristal qui stimule la créativité et concentre l'énergie.

Jaspe: Une pierre qui purifie; elle accroît l'optimisme, stimule les talents innés et la prise de décision.

Si la personne souffre d'un manque de vitalité ou que sa vie semble dépourvue de joie (voir tableau), déposez l'un de ces cristaux au bas de la région pelvienne lors d'un traitement complet (voir position 8, pages 50-51). Placez vos mains sur son corps, de chaque côté du cristal, environ 5 minutes, pour que l'énergie de la pierre aide la personne à se rétablir. Pour vous soigner vous-même, prenez une pierre dans une main, posez l'autre main sur la région pelvienne, et concentrez-vous sur le cristal pendant 5 minutes.

Deux – Le chakra sacré (région pelvienne)

PIERRES DE GUÉRISON

Calcite: Aide à établir la confiance et à recouvrer son identité; et aide le développement psychique.

Cornéliane: Contre l'apathie: fournit énergie et motivation.

Œil de tigre: Encourage le bien-être, l'optimisme et la force intérieure.

Pour quelqu'un d'insécure qui manque de confiance (voir tableau), placez l'un des cristaux sur la région pelvienne (voir position 7, pages 48-49). Posez vos mains sur le corps du patient, de chaque côté de la pierre, pendant 5 minutes, laissant le cristal travailler en tandem avec le reiki. Pour vous soigner vous-même, choisissez une pierre et gardez-la dans une main. Placez l'autre main sur la région pelvienne, fermez les yeux et concentrez-vous sur la pierre pendant 5 minutes.

Trois – Le chakra du plexus solaire (haut de l'abdomen)

PIERRES DE GUÉRISON

Citrine: Débarrasse de la peur; calme et purifie; crée un sentiment de valeur.

Quartz rose: Peut guérir et réconforter; aide à se sentir heureux et réduit le stress.

Malachite: Soulage et apporte la paix intérieure; excellent antidépresseur.

Pour réduire la peur, la tension ou le stress (voir tableau), placez l'un de ces cristaux au haut de l'abdomen du patient (voir position 6, pages 46-47). Posez vos mains sur son corps, de chaque côté de la pierre, et traitez pendant 5 minutes, pour permettre au cristal de dissiper les tensions. Pour vous traiter vous-même, tenez la pierre d'une main, alors que l'autre se pose sur le haut de votre abdomen. Détendez-vous pendant 5 minutes en vous concentrant sur la pierre.

Agate géode et œil de tigre

Calcite, cornéliane et œil de tigre

Citrine et quartz rose

Quatre – Le chakra du cœur (milieu de la poitrine)

PIERRES DE GUÉRISON

Quartz rose: Symbolise l'amour et, dans le chakra du cœur, aide à soutenir les autres dans leurs émotions ainsi qu'à donner et à recevoir de l'amour.

Aventurine: Pierre calmante, aide à rétablir l'équilibre émotionnel et mental, et favorise le bien-être.

Émeraude: Favorise la loyauté et la compassion et rend plus désintéressé. Inspire l'amour romantique.

Pour se débarrasser de la jalousie et de l'égoïsme, et pour inspirer l'amour et la compassion (voir tableau), placez le cristal au milieu de la poitrine, au-dessus du cœur (voir position 5, pages 44-45). Posez vos mains de chaque côté de la pierre, et traitez 5 minutes, pour permettre au cristal de favoriser le sentiment amoureux. Pour vous soigner vous-même, tenez la pierre dans une main, et posez l'autre main au milieu de votre poitrine, 5 minutes, pour permettre aux sentiments d'amour de se manifester.

Cinq – Le chakra de la gorge (milieu de la gorge)

PIERRES DE GUÉRISON

Lapis-lazuli: Cette pierre aide la purification mentale et spirituelle et encourage l'expression de soi.

Turquoise: Un cristal qui équilibre le mental, régularise le système nerveux, et aide la communication.

Aigue-marine: Aide à réduire les peurs et les phobies et encourage la bonne communication.

Pour dissiper les sentiments nerveux et l'agitation et pour encourager l'expression de soi (voir tableau), placez l'un des cristaux mentionnés au milieu de la gorge lors d'un traitement corporel complet (voir position 4, pages 42-43). Posez vos mains sur la gorge du patient, de chaque côté de la pierre, et traitez pendant 5 minutes, pour permettre au cristal de dégager les blocages de communication. Pour vous soigner vous-même, tenez votre cristal d'une main alors que l'autre main se pose sur votre gorge. Gardez la position 5 minutes, pour permettre au chakra de la gorge de refaire le plein d'énergie et de se renforcer.

Six – Le chakra du troisième œil (milieu du front)

PIERRES DE GUÉRISON

Améthyste: Cette pierre aide à absorber toutes les émotions négatives; elle peut vous transformer en changeant votre état de conscience.

Fluorite: Un cristal qui peut vous débarrasser des blocages émotionnels tout en vous aidant à aller de l'avant mentalement.

Sodalite: Une pierre qui vous aidera à réaliser le but de votre vie; rend plus objectif et ouvre de nouvelles avenues.

Pour débarrasser des blocages et pallier une incapacité à prendre des décisions (voir tableau), placez un cristal au milieu du front de la personne lors d'un traitement complet du corps (voir position 2, pages 38-39). Assoyez-vous derrière la personne et posez vos mains sur ses tempes ou de chaque côté de la pierre pendant 5 minutes, pour permettre au cristal de dissiper tout blocage négatif. Pour vous traiter vous-même, tenez l'une de ces pierres dans une main, et posez l'autre main sur le troisième œil. Gardez la position 5 minutes.

Lapis-lazuli et turquoise

(Quartz rose et aventurine)

Améthyste et fluorite

Sept – Le chakra du crâne (sommet de la tête)

PIERRES DE GUÉRISON

Quartz transparent: Puissant et versatile, aide à créer l'équilibre, aide la méditation et fait réaliser les possibilités que la vie présente.

Améthyste: Favorise la conscience spirituelle et calme l'esprit en débarrassant des sentiments négatifs et en apportant la satisfaction.

Quartz laiteux: Fait oublier ressentiment et désespoir; aide à demeurer sur terre.

Pour encourager la croissance spirituelle et contrer le désespoir (voir tableau), placez le cristal sur le sommet de la tête (voir position I, pages 36-37). Assis derrière le patient, posez vos mains sur les tempes ou de chaque côté de la pierre pendant 5 minutes, pour permettre au cristal de le rééquilibrer et de l'aider à retrouver harmonie et conscience spirituelle. Pour vous traiter vous-même, tenez la pierre dans une main et posez l'autre main sur le crâne. Gardez la position 5 minutes.

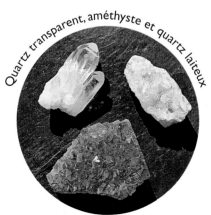

Quartz transparent, améthyste et quartz laiteux

Abdomen: position des mains 48, 49
Adrénaline 22, 73
Agate géode 90, 91
Aigue-marine 90, 92
Alcool, boire de l': et traitement 32, 33
Alliance reiki 12, 20
Améthyste 88, 90, 92, 93
Amour, donner et recevoir de l' 24, 44, 45, 86, 92
Amygdales 42
Anesthésie 33
Animaux domestiques, traiter les 83
Anorexie 42
Antidépresseurs, voir dépression, aide
Anxiété/peurs/inquiétude 14, 27
   Soulager l' 38, 39, 46, 47, 56, 57, 91, 92
Arthrite 6
Assurances 30
Asthme 6, 77 (voir aussi problèmes de respiration)
Aura 24, 36, purification de l' 60, 61
Autocritique 27,
   réduire l' 56, 57
Autotraitement 32
   pour mal de dos 67
   pour problèmes respiratoires 69
   pour purifier l'aura/terminer le traitement 61
   pour maux d'oreilles 65
Autotraitement, positions des mains:
1. devant de la tête 37
2. tempes et sommet de la tête 39
3. base et arrière de la tête 41
4. gorge et mâchoire 43
5. cœur et région du cœur 45
6. cage thoracique 47
7. abdomen 49
8. région pelvienne 51
9. épaules et cou 53
10. épaules et région des épaules 55
11. bas du dos 57
12. coccyx 59
Autotraitement, positions des mains:
   pour maux de tête et migraines 63
   pour le système immunitaire 71
   pour le système lymphatique 71
   pour le stress 73
   pour les maux de dents 65
Aventurine 90, 92

Bébés, traiter les 33, 78, 79, 80
Bronchite, voir problèmes de respiration

Cage thoracique: positions des mains 46, 47
Calcite 90, 91
Capacités d'inspiration 37
Capacités intuitives, améliorer ses 37, 85
Chakra de la gorge 23, 24, 42, 43, 86, 90, 92
Chakra du cœur 23, 24, 44, 45, 86, 90, 92
Chakra du crâne 23, 24, 39, 87, 90, 93
Chakra du plexus solaire 23, 24, 46, 47, 48, 49, 72, 73, 85, 90, 91
Chakra du troisième œil 23, 24, 36, 37, 38, 87, 90, 92
Chakra sacré 23, 24, 48, 50, 85, 90, 91
Chakras, associations avec le système endocrine 22-23, 23, 24, 25
   et couleurs 24, 84-87
   fonctions et position 24-25
Chats, traiter les 83
Chi 6
Chiens, traiter les 83
Chimiothérapie, en cours de 33
Circulation, stimuler la 45, 70
   voir système lymphatique
Citrine 90, 91
Clients diabétiques 33
Coccyx 58, 59
Coccyx: position des mains 58, 59
Cœur, le: positions des mains 44, 45
   voir aussi épaules
Colère 14, 27: supprimer la, 42, 43, 50, 51, 87
Colique 78
Côlon transversal 48, 56, 57
Communication, aider la 43, 86, 92
Compassion, favoriser la 92
Concentration, améliorer la 36, 37
Constipation 27
   soulager la 50, 51
Cornéliane 90, 91
Cou, le 52, 53, 63
Couleurs, le reiki et les 24, 84-87
Créativité 24, 39, 51, 58, 59, 91
Cuisses, gras aux: cause émotionnelle 27

Dépression, aider la 40, 41, 44, 45, 74, 85, 91
Désespoir, sentiments de 24, 93
Désintoxication 32, 33
Deuxième niveau du Reiki 7, 16, 17, 18, 20, 32
Diarrhée 27
   soulager la 50, 51
Digestion, aider la 46, 47, 85
Dos: positions des mains 54, 55, 56, 57

Eau 7, 21, 32, 33
Effets calmants 38, 39, 40, 41, 42, 43, 52, 53
   des cristaux 91, 92, 93
Émeraude, 90, 92
Émotions 22, 24
   qui causent les maladies 27
Émotions négatives/négativité 48, 49, 56, 57
Encéphalomyélite myalgique, traiter l' 75
Énergie, stimuler l' 84, 91
Enfants, traiter les 33, 78, 79, 80, 81
Épaules: positions des mains 52, 53, 54, 55
Estomac, gras sur l': cause émotionnelle 27

Fatigue, faire disparaître la 67, 87
Femmes enceintes 32, 78
Fluorite 90, 92
Foie, le 46, 47, 48, 49
Furomoto, Phyllis Lei 12, 13

Genoux, traiter les 50
Glandes surrénales 22, 23, 48, 56, 72, 73
Glucogène 22
Gonades 22, 23
Gras, causes émotionnelles d'accumulation de 27
Gratitude, montrer de la 15
Guérison à distance 7, 17
Guérison par le cristal, le reiki et la 88-93

Hanches, gras sur les: cause émotionnelle 27
Hayashi, Dr Chujiro 11, 12, 13
Homéostase 22
Honoraires 20, 30
Hormones 22
Hormones de croissance 22
Hypertension 42, 43, 77

Idées claires, favoriser les 36, 37, 87
Îlots de Langerhans 22
Infections poitrinaires, voir problèmes de respiration
Inquiétude, voir anxiété
Insomnie, aider l' 87
Insuline 22
Intention, avoir une 30
Intestins, grêle et gros 50, 51, 58, 59
Irritabilité, calmer l' 87

Jaspe 90, 91

Karuna^{MD} 6
Ki 6

Lapis-lazuli 88, 90, 92
Larynx, le 42, 43
Loyauté, favoriser la 92

Mâchoire, la 36, 37, 42, 43
Maîtres reiki 7, 18, 20
Mal des transports, voir nausées
Malachite 88, 90, 91
Maux d'oreilles, soulager les 64, 65
Maux de dents, soulager les 64, 65
Maux de dos/douleur 27
   soulagement du 6, 32, 56, 57, 66-67, 76
Maux de tête, soulager les 6, 24, 38, 39,
   62-63
Mémoire, améliorer sa 38, 39
Migraines, soulager les 62-63, 77
   voir aussi maux de tête
Mitchell, Paul David 12
Mycose: cause émotionnelle 27

Nausées, soulager les 32, 38, 39, 40, 41
Niveaux du reiki 7, 18
   Premier niveau (Reiki 1) 7, 8, 17, 18, 19,
   20
   Deuxième niveau (Reiki 2) 7, 16, 17, 18,
   20
   Troisième niveau (Reiki 3) 7, 18, 20

Objectivité, favoriser l' 92
Œil de tigre 90, 91
Optimisme, accroître l' 56, 57, 91
Os brisés 33
Ovaires 22, 23, 50, 51, 58, 59

Pancréas 22, 23, 48, 49, 56, 57
Parathyroïdes, glandes 22, 23, 42, 43
Parents, honorer ses 15
Personnes âgées, traiter les 82
Peurs, voir anxiété
Phobies, diminuer les 92
Phosphore, niveau de 22
Pièces pour les traitements 30, 31
Pied d'athlète: cause émotionnelle 27
Pieds, traiter les 50
Pinéale, glande 22, 23, 36, 37, 38, 39
Pituitaire, glande 22, 23, 36, 37, 38, 39
Plantes, traiter les 83
Plantes d'intérieur, traiter les 83
Positions des mains, Reiki 32, 34, 35
1. Devant de la tête 36
2. Tempes 38
3. Arrière de la tête 40

4. Gorge et mâchoire 42
5. Cœur 44
6. Cage thoracique 46
7. Abdomen 48
8. Région pelvienne 50
9. Épaules 52
10. Omoplates 54
11. Bas du dos 56
12. Coccyx 58, voir aussi autotraitement
Poumons 44, 45, 54, 55
   voir aussi problèmes de respiration
Poussée des dents, douleurs dues à la 78
Prana 6
Premier niveau du reiki 7, 8, 17, 18, 19, 20
Principes spirituels, cinq 14-15
Prise de décision, améliorer la 37, 91
Problèmes d'yeux 24
   soulager les 36, 37
Problèmes de colonne vertébrale, traiter
   les 76
   voir aussi maux de dos
Problèmes de genoux: cause émotionnelle
   27
Problèmes de hanche: causes
   émotionnelles 27
Problèmes de jambes: causes
   émotionnelles 27
Problèmes de poids 42
   voir aussi gras, causes émotionnelles
Problèmes de relations avec les autres 24
   voir aussi communication; amour
Problèmes de reproduction 24, voir
   gonades; ovaires
Problèmes de respiration, aider les 68-69
Problèmes nerveux 85
Problèmes stomacaux 24, 46, 47 78
Prostate 50, 51, 58, 59

Quartz
   transparent 90, 93
   laiteux 90, 93
   rose 88, 90, 92

Radiothérapie, clients sous 33
Rate, la 46, 70
Ray, Dr Barbara Weber 12
Région pelvienne: positions des mains 50,
   51
Reins 56, 57
   problèmes de 27, 85
Relaxation 38, 39, 40, 41, 46, 47, 67
   voir aussi effets calmants; stress
Ressentiment
   se débarrasser du 42, 51, 93
Rêves, se rappeler mieux ses 38, 39

Rhume des foins 87
Rhumes 38
   voir aussi problèmes de respiration

Sautes d'humeur, aider les 85
Sécurité 33
Sensations dans les mains 59
Sexualité 22, 24, 51, 85
Sinus 36
Sodalite 90, 92
Soulagement de la douleur 22, 40, 41
   voir maux de tête, maux d'oreilles,
   maux de dents
Stimulateur cardiaque, clients avec un 33
Stress 6, 70
   soulager le 36, 37, 38, 39, 44, 45, 52, 53,
   54, 72-73, 87, 91
Symboles reiki 16-17
Syndrome de fatigue chronique
   (encéphalomyélite myalgique), traiter le
   75
Système endocrine 22, 23
   et chakras 22-23, 24, 25
Système immunitaire, traiter le 22, 44, 45,
   70, 71
Système lymphatique, traiter le 42, 43, 50,
   51, 70, 71

Takata, Hawayo 11-12, 13, 20
Tension, soulager la 53, 67
   voir aussi relaxation; stress
Tera-Mai Seichem^{MD} 6
Tête, la: positions des mains 36, 37, 38, 39,
   40, 41
Thymus, glande 22, 23, 44
Thyroïde, glande 22, 23, 42
Traitement, donner un
   préparation 30
   ramener les clients sur terre après un
   32, 60
   sécurité 33
   voir positions des mains; autotraitement
Troisième niveau du Reiki 7, 18, 20
Turquoise 88, 90, 92

Usui, Dr Mikao 6, 8, 9, 10-11, 18
   cinq principes spirituels 14-15
Utérus, l' 50, 58

Vésicule biliaire 46, 47, 48, 49, 56, 57
Vessie, la 32, 50, 51, 58, 59
   problèmes de, 27, 85
Vision psychique, accroître la 36, 37, 91

Merci à Liz Dean de Collins & Brown, pour m'avoir encouragée à écrire ce livre, ainsi qu'à mon éditeur, Muna Reyal, pour son aide précieuse. Merci à Sue Miller pour le graphisme et à Winfried Heinze pour ses magnifiques photographies. Merci à Chris Parkes, mon maître Reiki et consultant, pour m'avoir guidée. Et pour finir, un grand merci à tous mes amis, et tout particulièrement à Steve, pour son soutien moral alors que je travaillais à l'écriture de ce livre.